KB127051

밥
공
부

별도의 표시가 없는 한 교육공동체 벗이 생산한 저작물은 크리에이티브 커먼즈
[저작자표시-비영리-변경금지 4.0 국제 라이선스]에 따라 이용하실 수 있습니다.
http://creativecommons.org/licenses/by-nc-nd/4.0

밥 공부

학교에서의 즐거운 밥 먹기를 위한 학교급식 교육론

ⓒ 정명옥, 2023

2023년 8월 23일 처음 펴냄
　　　9월 25일 초판 2쇄 찍음

글쓴이 | 정명옥
편집부장 | 이진주
기획 · 편집 | 서경, 공현
출판자문위원 | 이상대, 박진환
디자인 | 이수정, 박대성
제작 | 세종 PNP

펴낸이 | 김기언
펴낸곳 | 교육공동체 벗
이사장 | 조성실
사무국 | 최승훈, 이진주, 설원민, 서경, 공현
출판등록 | 제2011-000022호(2011년 1월 14일)
주소 | (03971) 서울시 마포구 성미산로1길 30 2층
전화 | 02-332-0712
전송 | 0505-115-0712
홈페이지 | communebut.com
카페 | cafe.daum.net/communebut

ISBN 978-89-6880-180-8 03370

학교에서의 즐거운 밥 먹기를 위한 학교급식 교육론

밥 공부

／ 정명옥 씀

교육공동체벗

차례

학교급식은
교육이다

학교에서 지금과 같은 모습으로 밥을 먹는 것이 제도화된 것은 1981년 「학교급식법」이 제정되면서부터이다. 산업체 또는 큰 병원에만 있던 단체 급식*이 그때부터 학교급식이라는 이름으로 학교에 들어왔다. 벌써 42년의 세월이 흘렀다.

나는 1989년 9월부터 학교 영양사**를 시작했다. 지금은 폐교

---

* 단체 급식은 '집단 급식소'라는 장소에서 운영되는, 효율성, 경제성을 제1 운영 원칙으로 삼는 산업 사회의 상징적 행위이다. 현재 「식품위생법」 제2조(정의) 제12호에 의하면 "'집단급식소'란 영리를 목적으로 하지 아니하면서 특정 다수인에게 계속하여 음식물을 공급하는 다음 각 목의 어느 하나에 해당하는 곳의 급식시설로서 대통령령으로 정하는 시설을 말한다"라고 규정되어 있으나 학계(영양학, 식품학, 조리학 등)에서는 오늘날 단체 급식은 영리와 비영리의 경계가 무너졌다고 보고 있다.
** 1981년 「학교급식법」이 제정되면서 학교 영양사가 배치되었고 이들은 교육 행정의 일종인 보건직이었다가 식품위생직으로 분리 전환되었다. 그러다 2003년 「학교급식법」과 2004년 「초·중등교육법」이 개정되면서 영양사의 교사화 정책이 추진되어

가 된 경기도 포천에 있던 작은 분교에서부터 지금까지 수많은 시간을 학교에서 아이들과 또 그보다 더 많은 학교 안팎의 사람들과 관계를 맺으며 보냈다.

단체 급식은 근대 산업 사회의 산물로서 효율화를 근본 목적으로 한다. 적은 예산으로 최대의 효과를 얻는 경제 논리에 따라 운영하는 것이 가장 큰 핵심 가치라 해도 과언이 아니다. 이러한 경제 논리를 겁 없이 학교에 들여온 것이다. 학교급식이 상품화될 위험이 잠재돼 있었던 셈이다.

물론 단체 급식은 장점이 제법 많다. 싼값에 비교적 영양가를 고루 갖춘 음식을 먹을 수 있다. 또한 많은 양을 조리할 경우 음식 맛이 상승하는 효과도 있다. 특히 우리나라 사람 대다수가 좋아하는 국이나 찌개를 조리할 때는 적은 양보다는 상대적으로 많은 양을 끓일 때 더 좋은 맛을 낼 수 있다는 것을 모르는 사람은 별로 없을 것이다.

다른 장점으로는 시스템에 의한 조직적인 작업이라 관리를 잘하면 매우 효율적이라는 것이다. 가정에서는 큰 주방이라 해도 보통 20인분이 넘는 분량의 음식을 조리하기란 여간 어렵지 않다. 그러나 단체 급식은 도리어 적은 인분의 음식을 조리하는 것이 더 어렵고 오히려 비용도 상승하는 역 현상이 일어난다. 왜냐하

2007년 3월 1일 자로 학교 영양사(식품위생직)가 영양 교사로 전환되어 오늘에 이르고 있다.

면 대부분의 조리 기기들이 대용량(500~600인분 정도)이기 때문이다.

일반적으로 급식 인원이 500명 이상 1,000명 이하일 때가 예산을 사용하고 관리하는 면에서 가장 효율적이다. 이 말은 가장 경제적이면서 가장 좋은 맛을 내기가 비교적 수월하다는 뜻이다. 그리고 단체 급식은 모든 구성원이 같은 음식을 먹기 때문에 공동체 의식을 기르는 데도 도움이 될 수 있다.

그럼 단체 급식인 학교급식에서의 어려움은 무엇일까.

첫째, 위생적인 면에서 위험 요소가 많다는 것이 가장 치명적이다. 당연한 말이지만, 대량 조리를 하는 과정에서 각종 세균이나 바이러스 등에 일정 시간 노출되기 때문에 감염성 질환에 매우 취약하다. 따라서 조리 과정에서의 작은 실수가 자칫 대형 식중독 사고로 이어질 수 있다. 또한 단체 급식은 각종 감염병 확산의 우려도 안고 있다. 코로나19 팬데믹 시기에 음식 판매업이나 단체 급식소 운영을 중단했던 것과 코로나19 확산이 조금 누그러져 단체 급식을 다시 시작하면서 가림 판을 세우고 불안해하며 밥을 먹었던 것을 떠올리면 충분히 짐작 가능할 것이다.

둘째, 단체 급식은 개인의 취향을 중시하는 현대 사회에서 획일화된 음식을 제공할 수밖에 없는 한계를 가진다. 이것은 개인의 입장에서는 매우 폭력적이기까지 하다. 요즈음 우리나라도 채식 인구가 점차 증가하고 있는데 고기를 자주 제공하는 학교급식 때문에 어려움을 느끼는 교직원과 학생도 하나둘씩 늘어나고 있다.

셋째, 기계 세척과 열탕 소독을 하기 위해서 학교에서는 대개 스테인리스 사각 식판을 사용하는데, 감각적으로 예민한 사람은 식판에서 특유의 쇠 비린내를 느껴서 또는 식판과 수저 등이 부딪혀서 나는 시끄러운 소리 때문에 괴로움을 호소하기도 한다. 실제로 식판을 깨끗이 정리하도록 지도하는 과정에서 숟가락으로 식판에 남아 있는 음식물을 긁어내는 소리에 몸서리치는 학생들을 한 해에 두세 명쯤은 꼭 만나기도 한다.

넷째, 지구 온난화, 기후 위기 시대에 범죄 행위에 가까운 '음식물 쓰레기 대량 배출'이 날마다 발생한다. 자신의 취향과 기호에 맞지 않는다는 이유로 먹을 수 있는 음식을 함부로 쓰레기통에 버리는 행위가 매일 아무렇지도 않게 이루어지고 있다. 단체 급식의 특성에 의해 경제적으로 생산된 음식*은 무의식중에 음식에 대한 절대적 가치마저 하락시킨다. 이는 자신 앞에 놓인 음식의 숭고함을 알아차리지 못하게 한다. 이러한 비윤리적 사고가 결과적으로 먹거리를 쓰레기처럼 버리는 것을 당연시하는 풍조가 확산되는 데 기여한다. 음식물 쓰레기가 발생하는 단체 급식 현장을 잠시라도 주의 깊게 관찰한 사람이라면 인간의 오만함과 야만적인 행위에 놀라지 않을 수 없을 것이다.

---

* 경기도의 경우 초등학교 한 끼의 식품비는 2023년 현재 인당 2,800~3,000원 정도다.

마지막으로 조리 종사자들의 과다한 노동 강도의 문제이다. 학교급식 작업은 언제나 산업 재해에 노출되어 있으며 이러한 노동 조건이나 노동 환경을 개선하기 위해서는 위험을 무릅쓰고 사업주*와 끊임없이 싸워야 한다. 이들의 투쟁은 노동자로서 법으로 보장받는 권리임에도 불구하고 조리 종사자가 파업을 하면 학생들을 볼모로 떼를 쓰는 집단 이기주의자로 몰리기도 한다.

먹거리 생산의 모든 단계가 자본에 예속되고 기후 위기를 넘어 인류세의 시대를 살아가고 있는 우리는 과연 무엇을 어떻게 먹어야 윤리적 식생활, 지속 가능한 식생활이라 할 수 있을까. 이에 대한 해답을 학교급식을 통한 '밥 공부'를 통해 찾아볼 수 있지 않을까.

학생들의 학교생활을 들여다보면, 방학을 제외하고 매일 학교에서 점심 식사를 하고 있다. 아이들은 매일 학교급식을 먹으면서 몸과 마음이 자란다. 보다 근원적인 생명 원리와 자연의 법칙을 깨닫고 '철'이 드는 데 학교급식은 중요한 교육적 도구로서 가치를 가질 것이다.

이 책의 부제를 '학교급식 교육론'이라 명명한 것은 이렇듯 학교급식을 교육으로 온전히 자리매김함으로써 우리 앞에 놓인 시대적 과제를 함께 풀고자 함이다. 우리 사회가 학교급식을 단순

---

* 학교에서 일하는 비정규직 조리 종사자의 사업주는 광역교육청 교육감이다.

히 배고픔을 때우는 수단이나 학교교육의 보조적 역할이 아니라, 좋은 교육적 매개로 인식하고 접근할 때 우리는 '다음'을 꿈꿀 수 있다고 믿는다.

2023년 8월

정명옥

1부

학교에서 밥 먹기

학교에서는 언제부터
밥을 주었나 1

구호 급식으로 태동하다(1953년~1972년)*

학교급식은 한국 전쟁 후 1953년에 외국 원조 기관인 유니세
프에서 전쟁고아를 위한 물자를 지원받아 빵 급식을 시작한 것
을 그 기원으로 삼는다. 당시 한국의 만 5세 어린이의 수는 약
390만 명이었는데 미국이 제공한 분유의 양이 6900만kg으로 어

---

* 학교급식의 역사는 [교육인적자원부(2007), 《학교급식법령 해설서》]와 [양일선
외(2021), 《단체급식》, 교문사] 등을 참고하였다.

린이 1,000명이 1년 동안 매일 1잔씩 마실 수 있을 만큼 많았다. 학계에서는 이 시기를 '구호 급식기'(외국 원조 급식기)로 분류한다. 구호 급식기를 다시 세분하면 분유 분배기, 옥수수빵 급식기, 밀가루 제빵 급식기, 수제비 급식기로 나뉜다. 밀가루 제빵 급식기 때는 건빵 급식도 함께 이루어졌다. 1972년 무렵 외국 원조가 종료되면서 무료였던 구호 급식기도 끝난 것으로 기록돼 있다.*

지금 돌아보면 이때의 외국 원조를 무조건 좋게 평가할 수만은 없다. 예를 들어 당시 우유가 무상으로 제공되었는데 오늘날 우유 음용에 대해서는 국제적으로 찬반 논란이 심한 상황이다. 또한 분유와 함께 밀가루와 옥수숫가루가 지원되어 급식에서는 빵을 제공하였는데 이것은 쌀과 잡곡을 주식으로 하던 한국인의 입이 밀가루 맛에 길들여지는 데 영향을 미쳤다.

2019년 통계에 의하면 우리나라 국민 1인당 연간 밀가루 소비량은 31.6kg으로 쌀 소비량 56kg을 바짝 뒤따르고 있다.** 그런데 2022년 기준 밀가루 자급률은 0.8%(일본은 17%)로, 소비되는 밀가루 중 99.2%가 수입 밀이라는 계산이 나온다. 요즘 가는 곳마다 커다란 제빵소와 카페가 문전성시를 이루는데, 대부분 수입 밀가루로 빵과 과자를 만들어서 팔고 있다. 이런 소비 경향이라

---

* 양일선 외(2021), 앞의 책.
** 농림축산식품부(2021), "[보도 자료] 국제곡물 수급 동향 및 대응 추진", 2021년 2월 10일.

면 언젠가, 빠른 시일 안에 밀가루 소비량이 쌀 소비량을 능가할지도 모른다는 우려가 든다. 소비량 대부분을 수입 밀에 의존하는 상황은 곧 식량 안보를 위협할 것이다. 수입 밀에 대응하는 차원에서 주목받는 우리 밀은 자급률 통계로 살펴본 바와 같이 생산량이 소비량에 비하면 턱없이 부족한 형편이다.

중요한 것은 우리 국민이 이토록 밀가루를 즐기게 된 것에 구호 급식기 학교급식의 영향이 있었다는 점이다. 이것은 오늘날 학교급식이 이러한 식습관과 식량 자급의 문제를 풀어야 할 책무를 가지는 이유가 될 수 있을 것이다.

자립 급식으로의 전환(1973년~1977년)

전쟁 후 학교에서 급식품을 제공하는 데 법적 근거는 없었다. 있었더라도 아마 행정적으로 전달된 공문서 정도였을 것이다. 그러다가 1967년부터 「학교보건법」을 근거*로 1972년까지 구호 급식이 이루어진 것이다.

1973년부터는 우리나라 정부의 예산으로 빵과 우유를 제공하는 급식이 계속 시행되었으나 예산이 부족하여 규모는 점차 축소

---

* 「학교보건법」 제12조 : 국민학교 아동에 대하여는 문교부령이 정하는 바에 따라 급식을 실시한다.

되었다. 농어촌에 있는 학교에서는 급식 예산의 일부를 학부모 또는 보호자가 부담하는 형태로 전환하여 학교 생산 농산물을 활용한, 이른바 '자활 급식'이 이루어졌다. 극히 일부 도시 학교를 중심으로 교내에 급식 시설을 갖추고 자체 조리하는 시범 급식 등이 시도되기도 했다.

1977년, 비로소 학교급식을 규정하는 별도의 규칙이 제정되면서 「학교보건법」이 아닌 「학교급식규칙」에 따라 제도 급식을 본격적으로 실시하게 되었다. 모든 국민이 가난하게 나고 자라 영양소 부족으로 인해 건강 문제가 생길까 걱정하던 시절, 학생들에게 성장기에 필요한 영양소를 공급하기 위하여 정부가 외국 원조 물자에 의존하지 않고 먹거리를 제공하기 시작한 것이다. 학계에서는 외국 원조 없이 자국의 힘으로 급식을 실시한 것에 큰 의미가 있다고 평가하여 이 시기를 '자립 급식기'로 규정하였다.

그러나 1977년 9월 17일, 제빵 공장에서 만들어진 크림빵을 급식으로 먹은 학생들이 집단으로 식중독에 걸린 사고가 있었다. 53개 학교에서 약 7,000여 명의 어린이가 식중독에 걸려 병원에서 치료를 받았으며 1명은 끝내 사망하였다. 이를 계기로 그동안 실시되었던 무상 급식(보호 급식)을 비롯한 학교급식은 전면 중단되기에 이르렀다.

학교급식 제도의 틀을 마련하다(1978년~1990년)

1977년의 집단 식중독과 이로 인한 사망 사고는 단체 급식에서 위생 관리의 중요성을 일깨우기에 충분했다. 우리 사회는 급식 제도의 철학과 방향 등에 대한 근본적인 고민에 빠졌다. 특히 먹거리가 개인의 생명과 직결된다는 것을 경험함에 따라 급식은 위생적으로 안전한 것이 가장 중요하다는 사회적 요구가 높아졌다. 다음 해인 1978년, 학교급식 형태를 도서 벽지형, 농촌형, 도시형 세 가지로 분류하고 시범적으로 실시함으로써 학교급식의 가능성을 실험하였다. 이때 대부분의 학교급식 현장에 제빵기를 보급하고 제빵 기술자를 고용하여 직접 빵을 구워 제공하기도 했다.*

1981년 1월, 「학교급식법」이 제정되었고 그해 9월에 시행령이 만들어졌다. 1983년에는 급식 위생 관리 지침도 만들어져, 보다 위생적인 학교급식이 이루어지도록 제도를 갖추었다. 그때부터 「학교급식법」을 근거로 오늘과 같은 학교 밥상이 차려지게 되었다.

그런데 학교급식 제도는 그 이후로도 여러 번 수난을 겪었다.

---

* 이 시기는 아직 학교급식을 많이 실시하는 단계는 아니었다. 내가 초임으로 근무하던 1989년 당시 경기도에는 학교가 1,000여 곳 있었는데, 이 중 도시에는 급식을 하는 학교가 전혀 없었고 농촌과 도서 벽지를 합하여 60개교(약 6%)에서만 급식을 했다.

「학교급식법」 제정 당시에는 급식 업무 소관 부서가 문교부였다가, 이듬해인 1982년에는 체육부로 옮겨졌다. 체육부 소관이 되니 학교교육과의 거리는 더욱 멀어졌다. 그러다가 1989년, 「학교급식법」의 학교급식 운영 원칙에 '교육의 일환으로 운영한다'는 조항이 명문화돼 있던 취지에 따라, 다시 문교부 소관으로 원위치로 돌아왔다.

이러한 역사적 맥락을 볼 때, 학교급식 제도가 '교육의 일환'이라는 원칙은 미사여구로서 형식적인 수사일 뿐이었다. 정부는 학교급식을 학생들이 공부를 잘하도록 밥 한 끼를 해결하기 위한 도시락 대체 정도로 여겼으며 그러한 자세는 지금도 변함없다. 근대화, 산업화가 빠르게 확장되고 경제가 압축적으로 성장하면서 우리 사회는 부족한 노동 인력을 가정에서 육아와 가사 노동 등을 담당하던 여성들을 대거 활용하는 것으로 충당하였다. 사회 재생산 부문의 노동력을, 산업 부문 생산의 도구로 끌어와 저임금으로 착취한 것이다. 이로 인해 가정 안에서 이루어지던 여러 가지 생활교육이 학교에서 이루어져야만 하게 되었고, 그 책임도 학교가 떠안게 되었다. 그중 하나가 '밥상머리 교육'으로, 학교급식이 식생활교육의 역할을 대신할 것을 기대받은 것이다. 이렇게 우리 사회가 정서적·문화적으로 식생활교육을 중요하게 여긴 결과 문교부가 다시 학교급식 소관 부서가 되긴 했으나, 실질적으로는 급식과 교육이 온전히 연계되지 못했다. 현재 학교급식 정책은 교육부 학생건강정책과에서 맡고 있다. 아직 교육부에서 관할하고 있는 것을 다행스럽다고 해야 할까.

다시 1980년대로 돌아가면, 학교에서 따뜻한 밥을 알맞은 시간에 먹으니 학생, 보호자(학부모), 교직원들의 반응은 꽤 좋은 편이었다. 그래서 1985년부터 1989년까지는 학교급식 사업을 지역마다 경쟁적으로 확대하였다.

당시 학교급식은 수익자 부담 원칙으로 비용을 학부모가 냈다. 그러다 보니 급식비를 내기 어려운 가정도 있었다. 한 가정에 서너 명의 자녀가 동시에 급식비를 납부해야 하는 상황이면 어려움은 더욱 컸다. 이 시기에 담임을 했던 교사라면 학교 행정실이나 관리자 혹은 영양사로부터 급식비를 밀린 학생에게 납부를 독촉하도록 요구받은 경험이 한 번쯤 있었을 것이다. 선량한 교사, 제자 사랑이 많은 교사 중에는 형편이 어려운 학생의 급식비를 대납하면서 미담의 사례로 화제가 되는 경우도 있었다. 배짱 좋은 학생 중에는 부모로부터 받은 급식비를 용돈으로 써 버리고 나중에 독촉을 받아서 들키는 일도 있었다. 그러면서 급식비 미납 문제가 가정교육 또는 학교 생활교육의 문제라고 왜곡되는 일이 벌어지기도 했다.

한편 급식비를 기한 안에 내지 못하고 몇 개월 치가 미납된 학생에게는 밥을 먹지 못하도록 제한했던 것이 큰 사회 문제로 불거졌다. 사실 이는 부모의 가난이나 사회의 빈부 격차와 같은 구조적인 문제를 학생 개인에게 떠넘기는 것이다. 학생 입장에서는 명백한 차별이며 낙인 효과에 의한 폭력 등 인권의 문제이기도 했다.

　이렇게 한국 전쟁 이후 한국의 현대사와 함께 태동, 발전해
온 학교급식은 1990년대 들어서면서 폭발적으로 확대되기 시작
한다.

학교에서는 언제부터
밥을 주었나 2

학교급식의 폭발적인 확대(1991년~2002년)

경제 성장 속도가 더욱 빨라진 1990년대는 우리 사회가 선진
국 반열에 진입하기 위하여 열을 올리던 시기였다. 여성의 사회
진출이 늘어나는 한편, 신자유주의 경제 이념이 우리 사회 곳곳
에 스며들어 서서히 사람들 의식에 깃들기 시작했다. 학생, 학부모
의 편리성에 대한 요구도 커졌고 이에 따라 학교급식은 전국적으
로 급속히 확대되었다.

학교급식 확대라는 방향 자체는 그동안의 학교급식에 대한 긍

정적인 평가를 간접적으로 확인시켜 주는 것이라 영양 교사로서는 고무적인 일이었다. 그러나 급식의 양적 확대에만 초점이 맞춰지다 보니, 질을 담보하는 것과 교육으로서의 가치에 대한 고민은 어느 단위, 어느 주체에서도 이루어지지 않았다. 심지어 급식 실무를 담당하는 학교 영양사들조차 '급식 확대'라는 현상에만 도취하지 않았는지 반성한다.

이 시기에는 급식 운영은 비전문가에게 위임된 상태에서 공동 조리, 공동 관리를 통해 그저 학생들에게 음식을 먹이는 활동에만 치중하는 경우도 있었다. 즉, 통계적으로 급식 학교 수를 늘려 급식 수혜 대상 학생 수를 증가시키는 '보여 주기식' 성과를 내는 데 몰두했던 것이다. 이러한 흐름의 하나로 1996년 위탁 학교급식이 허용되었다. 이때부터 영리를 추구하는 속성을 가질 수밖에 없는 단체 급식 사업자가 학교급식에 참여하기 시작했으며 대기업마저 뛰어들기 시작했다.*

---

* 학교급식은 직영 급식과 위탁 급식으로 분류되는데, 직영 급식은 급식 운영 주체가 학교장인 데 반해 위탁 급식은 학교장이 단체 급식 사업자와 계약을 통해 학교급식 운영 전반을 위탁하는 것이다. 급식비 구조는 직영의 경우 식품비+인건비+운영비로 구성되어 있고, 위탁 급식은 여기에 기업 이윤이 추가되는 구조다. 그래서 실제로 위탁 급식 업자들은 직영에서처럼 급식 시설비나 인건비를 국가에서 지원하면 직영 급식보다 전문성을 발휘하여 더 잘할 수 있다고 주장하기도 했다. 이 주장을 역으로 해석하면 현실적으로 위탁 급식 운영에는 한계가 있음을 스스로 인정한 꼴이다. 사실 기업 철학, 기업 윤리를 넘어서 어쩔 수 없는 부분이다. 운영비는 경상비로서 상수이므로 기업이 이윤을 늘리기 위해서는 상대적으로 인건비와 식품비를 줄일 수밖에 없는 함수 관계인 것이다. 시민사회단체의 치열한 투쟁으로 현재 학교급

1997년 12월 제15대 대통령 선거를 치를 당시, 김대중 후보의 공약 내용에 학교급식 확대 정책이 삽입되었다. 가정주부로서 집안일과 직장 일 그리고 육아까지 이중 삼중 고통에 시달리며 고달프게 살아가는 여성의 표심을 잡으려는 정치적 이해와 이를 이용해서 영역을 확대하려던 대한영양사협회를 중심으로 한 영양사 집단의 요구가 맞아떨어져 급식 확대가 대통령 선거 공약으로 채택된 것이다. 그러나 이는 급식 현장의 여러 가지 문제 분석 및 급식에 대한 깊은 교육적 성찰 없이 학교급식 정책 방향을 결정한 것이었다.

　　그러면서 전에는 부분적으로만 시행되던 초등학교와 특수학교에서의 급식을 우선적으로 확대하였다. 다음으로는 상대적으로 입시 경쟁으로부터 거리가 멀었던 중학교는 제쳐 두고, 고등학교에서 먼저 책가방 무게 경감, 학습 독려 등을 이유로 학교급식 실시를 적극 추진하였다. 2000년대 들어 이제 중학교에서도 급식을 확대함으로써, 지금은 전국의 모든 학교에서 급식을 실시하고 있다.*

식은 모두 직영을 원칙으로 운영하고 있으며, 일부 특별한 경우 시·도교육청의 학교급식심의위원회와 단위 학교의 학교운영위원회의 심의를 거쳐 위탁할 수 있도록 제한하고 있다. 이는 단체 급식의 비영리 원칙에 따른 것이기도 하다. 2023년 현재 위탁 급식은 거의 사라졌으며 현장 상황에 따라 부분 위탁을 하거나 급식실 현대화 공사 등으로 직영 급식을 하지 못하는 경우 한시적으로 도시락 급식을 위탁하는 경우가 있다.

* 전국 11,976개교 중 직영 급식 11,743교(98%), 위탁 급식 233교(2%)이다.(교육부(2022), 〈2021학년도 학교급식 실시현황〉)

학교급식이 가정에서 도시락을 싸는 수고로움을 없앰으로써 보호자에게 편리함을 제공하는 것은 분명하다. 그러나 양적 확대에 따른 부작용의 하나로 급식 비리(예산 부정 사용, 전용, 횡령 등)가 커다란 사회 문제로 대두되었다. 학교 재정 중 약 50% 이상을 차지하는 급식 관련 예산을 투명하고 공정하게 사용하는 일은 학생 건강과 직결되는 중요한 일임에도 불구하고, 먹고 나면 서류밖에 남지 않는다는 제도적 약점을 악용하거나 학교 재정이 자신의 사유 재산인 양 권력을 남용하는 관리자들이 적지 않았다. 구조적으로 부하 직원인 영양 교사가 강요에 못 이겨 부정에 연루되는 일도 있었다.

이러한 상황은 학교급식을 밖에서 바라본 제 주체들이 학교급식 문제를 개선하기 위해 나서는 계기가 되었다. 교사, 학부모, 교육위원, 지역학교운영위원회협의회 등은 단위 학교와 지역에서 학교급식 모니터링에 참여하는 활동 등을 통해 급식 개선 운동을 추진했는데, 실질적이고 근본적인 개선을 위해서는 법 개정과 조례 제정 등 제도 개선이 필요하다고 여겼다. 이에 2002년 11월 '학교급식법 개정과 조례제정을 위한 시민사회단체 연대회의(연대회의)'를 제안했다. 그리고 실제로 참교육학부모회, 전국교직원노동조합, 한살림, 아이쿱 생협 등 많은 시민사회단체가 모여 '학교급식전국네트워크(급식넷)'를 출범시켰다. 이어 연대회의의 제안 결과 1년 뒤인 2003년 11월 11일에는 '학교급식법개정과조례제정을위한국민운동본부(급식국본)'가 출범하였다. 당시 급식국본은 16개 광역시·도에 지역 본부를 두고 활발한 운동을 전개했으며 참여 단체와 규모 등에 변화가 있지만, 여러 지역 본부가 지금까지 학교급식과 공공 급식 및 지역 먹거리의 질적 담보를 위해 열심히 활동하고 있다. 이러한 시민사회단체들(급식넷, 급식국본)은 '아이들에게 건강을, 농민에게는 희망을'이라는 슬로건을 내걸고 학교급식의 키를 잡기에 이르렀다.*

학교급식 현장에 있는 영양 교사로서 급식운동에 참여하며 구상했던 그림은, 영양 교사가 1년 단위, 1개월 단위로 미리 식단을 계획하므로 1년 동안 사용할 식품의 양을 예측하여 산출하고 그것을 생산자 단체와 공유하면 농부들이 이를 고려해 생산을 계획하는 지역 단위 농업 정책이 가능하리라는 것이었다. 그러나 영양 교사를 묶어 내는 교육청과 농업인을 묶어 내는 지자체와의 협력이 원활하지 못했고, 식품 유통 구조 또한 매우 복잡하며 각각의 이해관계가 몹시 얽혀 있어서 입장이 첨예하게 대립되었다. 나는 이런 복잡한 구조일수록 원칙과 정의를 서로 확인하고 합의하는 소통 과정이 중요하며 학교급식의 최종 수혜자는 '학생들'임을 잊지 않아야 한다고 생각한다. 결과적으로 나의 '학교급식용 식재료 수요-공급 계획 경제'는 온전히 실천하지 못했다.

양적 팽창 과정에서 아쉬움이 없는 것은 아니지만 학교급식 확대의 가장 큰 의미는 말 그대로 전국의 '모든' 초·중등학교에서 학

---

* 학교급식법개정과조례제정을위한국민운동본부 엮음(2007),《학교급식운동백서》.

교급식을 하게 되었다는 것 자체이다. 학교급식은 차가운 도시락*
도, 빈부에 따라 구별되는 밥상도 아닌 따뜻하고 균형 잡힌 영양
소가 담긴 밥을 누구나 먹을 수 있다는 데 가장 큰 가치가 있을
것이다. 이런 성과가 가능했던 데는, 지금은 사라졌지만 주로 학
부모로 이루어진 학교급식후원회를 통한 합법적인 후원금 모금이
있었고, 각 지자체가 초기 급식 시설·설비에 필요한 경비를 적극
적으로 지원했던 배경이 있었다.

학교급식, HACCP 시스템에 갇히다(2002년~2003년)

학교급식의 위생적인 관리를 위해서 1999년에는 HACCP 시스
템을 시범 실시하였고, 2000년부터는 학교급식 조리장에 전면 적
용하였다. HACCP^Hazard Analysis and Critical Control Points이라는 단어는
'위해 요소 중점 관리점'으로 해석되는데, 그 기원은 미항공우주
국 나사^NASA에서 우주인이 우주선에서 먹을 식사를 준비하면서
무균에 가까운 식품을 만들기 위해 제작한 매뉴얼이었다. 이를 안
전을 이유로 일반 가공식품 제조 공정에도 도입하여 적용하고 있

---

* 시장에 유통되고 있는 도시락 구성에는 반드시 한 가지 이상의 완제 가공식품이
들어 있고 사용하는 식재료 질도 신뢰하기 어려우며 음식의 맛도 학교급식에 비해
지나치게 달거나 짜다는 의견이 많다. 그럼에도 불구하고 가격은 어쩔 수 없이 학교
급식비의 2배 이상이다.

는 것이다. 지금은 HACCP 시스템 자체가 거대 산업 분야로 자리 잡았다. HACCP 시스템 관련 용품이 고가에 수입·유통되고 있으며* 가공식품 제조 허가 기준의 하나가 되었다.

집단 급식소인 학교급식 조리장에 적용되는 HACCP 시스템 위생 관리 방안에 따르면, 음식 조리 전 식재료인 채소, 어류, 육류를 다루는 칼, 도마, 그릇, 심지어 앞치마와 고무장갑 등을 모두 각각 구분해서 사용하도록 규정되어 있다. 구분 사용의 범주는 두 가지다. 먼저 식재료(채소류, 육류, 어패류 등)를 기준으로 구분 사용해야 한다. 또한 당연한 얘기지만, 가열 조리 음식의 경우 조리 전 식재료와 조리 후 완성된 음식을 철저히 구분해야 한다. 식재료 특히 채소·과일류를 다듬고 씻은 후에는 일정 농도의 약품으로 소독해야 하고 가열 조리를 할 때에는 중심 온도를 3번 이상 확인해야 한다. 소독 실시 여부와 칼·도마·용기의 구분 사용 여부, 중심 온도 확인을 반드시 기록하는 것이 필수 작업이다.

이 과정에 대해 하고 싶은 말이 하나 있다. 교차 오염cross contemination 방지를 철저히 수행하기 위해 모든 것을 구분해야 한다면, 조리 종사자도 구분해서 작업할 수 있도록 2배의 인력을 보강해야 안전하지 않을까. 영양 교사로서 불평불만 같겠지만 학교급식 조리장에서 HACCP 시스템을 실천하다 보면 저절로 이런 생각이 든다.

---

* 국내에서도 점차 HACCP 용품이 많이 개발, 판매되고 있다.

집단 급식소의 경우는 판매를 목적으로 가공식품을 생산하는 공정과는 매우 다른데, HACCP 기준이 무리하게 적용된 면이 없지 않다. 식재료 간, 조리 전후 사이, 칼·도마·용기 사용 중에 발생할 수 있는 교차 오염을 방지한다는 이유로 재활용이나 재사용이 전혀 불가능하고 오히려 오염원이 되는 고무장갑, 비닐장갑, 칼, 도마, 플라스틱 제품 등을 과도하게 많이 소비하고 있으며 소독액(염소 소독액이나 요오드 용액 등) 또한 엄청나게 쏟아붓고 있다.

물론 위생적으로 안전한 음식을 만드는 것은 아무리 강조하고 강제해도 지나치지 않다. 그러나 반환경적인 방식의 위생 관리는 심각한 기후 위기 시대에 본말이 전도되는 어리석음을 범하는 꼴이라고 생각한다. 하루빨리 복잡하고 과도한 소비를 할 수밖에 없는 HACCP 시스템으로부터 빠져나와, 지구 환경에 부담이 가지 않으면서 더 좋은 위생 관리 실천 방안이 고안돼야 한다.

학교급식, 질적 전환이 필요하다(2003년~현재)

2003년 서울에서 일어난 사건이다. 위탁 급식을 하고 있던 학교에서 대형 식중독 사고가 발생하여 약 3,000여 명의 학생들이 배앓이를 하는 일이 있었다. 이에 따라 2003년 10월 국무조정실 주재하에 학교급식 개선 종합 대책 마련 사업이 추진되었고, 이때 정책적으로 위탁 급식을 직영으로 전환하기 시작하였다. 학교급식에 대한 사회적 논란이 불거짐에 따라 학교급식운동 진영에서는 그동안 소강상태에 빠져 있던 「학교급식법」 개정 운동을 보다 적극적으로 펼쳤다. 그 결과 학생들의 건강 관리와 바른 식습관을 위한 체계적인 영양교육을 담당하게 하기 위하여 학교급식 전담 직원인 영양사를 「초·중등교육법」상의 영양 교사로 전환하도록 배치 근거를 마련하는 「학교급식법」 개정(2003년 개정안 통과, 2006년 시행)이 이루어졌다.

이어서 2006년 6월에도 유사한 식중독 사건이 발생해, 학교급식의 질을 제고해야 한다는 사회적 여론이 커졌다. 이에 따라 2007년, 「학교급식법」이 전부 개정되기에 이르렀다. 당시 전부 개정의 이유를 '학교급식의 질을 제고하고 학생들의 건강 증진을 위하여 현행 학교급식 체계에 관한 전반적인 개선이 필요한 바, 이를 위하여 학교급식위원회 등을 설치하고, 학교급식에 관한 국가 또는 지방자치단체의 지원을 강화하여 양질의 학교급식이 제공될 수 있도록 하는 한편, 식재료·급식 위생의 안전 관리에 관한 사항과 급식의 운영 방식에 관한 사항을 보다 엄격하게 규정하게 하고, 그 밖에 현행 규정의 운영상 나타난 일부 미비점을 개선·보완하려는 것임'이라고 설명하고 있다.

학교급식의 역사는 매우 험난했으며 아직도 변화하고 있는 중이다. 그럼에도 불구하고 2023년 현재 전국의 모든 국·공·사립, 유·초·중등학교, 특수학교에서 직영 급식을 실시하고 있으며 대부분 무상 급식이 이루어지고 있다. 시대적 흐름도 있었지만 학교급식운동 진영의 성과 또한 컸다고 평가한다.

무상 급식 도입 이후 학계에서는 이를 무상 교육과 함께 현물 기본소득의 한 형태로 해석하기도 했다.* 여기에 더해 식재료를 국내산 친환경 농수축산물과 그 가공식품으로 사용하려고 노력하는 학교급식은 식량 자급률 19% 시대에 그 의미가 매우 크다. HACCP 시스템 위생 관리라든가 알레르기 유발 식품 표시 의무제, 학교급식 운영 평가와 같은 규제 중심의 제도는 더욱 개선되어야 하겠지만, 학교급식은 급식을 먹는 학생과 학부모의 입장을 더욱 배려하는 양질의 친환경 급식으로 진화하는 중이다.

2021년의 「학교급식법」 개정으로 유치원이 학교급식의 범주 안에 들어오게 되었다. 이것으로 학교급식의 양적 확대는 제도적으로 거의 완성되었다고 본다. 일각에서는 방학 중 돌봄 급식 확대, 아침 급식 실시 등의 형태로 학교급식을 무한 확대하려는 요구가 있다. 그러려면 급식 운영 주체인 영양 교사는 물론, 급식을 먹게 되는 학생이나 학부모, 학교 구성원들이 그 제도를 어떻게 생각하는지 충분한 사회적 논의 과정이 필요하다. 논의 결과 학교급식 확장이 필요하다고 하면 학교 현장이 이에 대한 준비를 할 수 있도록 재정적·행정적 뒷받침과 충분한 시간을 주어야 할 것이다.

정부가 그동안 학교급식의 시설, 위생 등 학교급식의 틀을 세

---

* 정원호·이상준·강남훈(2016), 《4차 산업혁명 시대 기본소득이 노동시장에 미치는 효과 연구》, 한국직업능력개발원, 32쪽.

우는 데 역점을 두었다면 이제는 질적 전환이 필요한 때다. 학교급식은 무엇을 제공할 것인가가 가장 중요한 일차적 과제다. 그러나 식품을 선택할 때 질을 어떻게 담보할 것인지에 대한 고민은 여전히 깊다. 한없이 하락하는 식량 자급률과 수입 개방으로 인한 수입 식품 범람*, 여기에 더해 가공식품** 시장이 계속 커지고 있기 때문이다. '양에서 질로의 전환'이라는 기치에는 학교급식이 제공하고 있는 음식의 질적 향상과 함께, 기후 위기에 대응할 수 있는 학교급식으로 나아가야 한다는 의미도 담겨 있다.

---

* 수입 식품 범람이 문제가 되는 것은 푸드 마일리지로 표현되는 먼 이동 거리에 따른 이산화탄소 배출 등 환경 문제와 관련된다.
** 가공식품의 원재료는 대부분 값이 저렴한 수입 식재료이며 이러한 식재료는 포스트하비스트(post harvest, 수확 후 농약 처리), GMO 등 안전성 및 지속 가능성 면에서 걱정되는 문제들이 많다.

학교급식과 가정 식사는
어떻게 다른가

가정에서 먹는 식사와 학교급식은 질적으로 다르지 않다. 전국 대부분, 특히 초등학교의 경우 오히려 학교에서 더 깨끗하게 조리, 관리하고 더 좋은 식재료를 사용하기도 한다. 학교급식 조리장은 「학교급식법」, 「식품위생법」 등 각종 규제와 지침에 의해 운영되고 있으며, 급식을 담당하는 영양 교사와 조리사, 조리 실무사가 법적·도덕적 의무와 책임감을 가지고 임하기 때문이다.

초등학교는 친환경 식재료 사용률도 매우 높다. 실제로 급식실에 검수 모니터 활동을 온 학부모들이 식재료 종류와 상태를 상세히 들여다보고 감탄할 정도다. 학교급식은 식재료 선정 기준이

상당히 까다롭고 구체적이다. 학교급식을 실시하는 전국의 초·중·고등학교, 특수학교는 「학교급식법 시행규칙」에 정해진 식재료 사용 기준을 준수하여 급식을 준비해야 한다. 식재료 사용 기준을 한마디로 압축하자면 쓰레기 같은 음식junk food 주지 말고 좋은 재료로 음식을 만들어서 건강에 가장 이로운 식사를 제공하라는 것이다. 구체적인 식재료 사용 기준과 완제품 사용 승인은 연간 계획 단계에서 주로 1~2월 중에 학교운영위원회의 심의·의결을 거쳐 결정한다.

식재료 사용 기준의 예를 들면, 쌀, 잡곡 등 국내 생산물이 있는 것은 국산 그리고 가급적 친환경 식재료를 사용하고, 육류도 무항생제 인증을 받은 친환경 축산물을 사용한다는 것이다. 수산물에 대한 교육부 특별 지침은 아직 없으나 최근 일본 후쿠시마 핵발전소 사고 오염수 방류 문제로 인해 그 사용 기준이 까다로워질 전망이다. 수많은 학부모가 걱정을 할 것이기 때문이다. 사실이는 국가 차원의 문제이자 국제 문제라서 영양 교사 개인의 역량을 넘어선다. 학교급식은 다양한 식재료를 사용하는 것이 식단 구성의 원칙이므로 수산물을 마냥 기피할 수도 없다. 수산물에 대한 안전을 담보할 수 있는 현실적인 대안이 마련되어야 한다.

완제품이란 학교에서 조리 작업 없이 바로 제공할 수 있는 김치류, 떡류, 빵·과자류, 주스나 요구르트 같은 음료 등 각종 완전 가공식품을 말한다. 이런 식품은 모두 학교운영위원회 심의를 받아야 한다. 대체로 완제품 사용 승인은 '영양 교사 고유의 전문 영역'임을 인정하여 학교운영위원회에서 특별히 반대 의견을 내거나 하지 않는다. 이렇듯 일반적으로 식재료 사용과 관련하여 영양 교사를 믿고 맡기는 만큼, 영양 교사는 식재료를 선정할 때 더욱 열심히 살펴보고 신중하게 선택해야 한다.

어떤 전문가가 되어야 할까

학교급식이 가정의 식사와 다른 가장 큰 이유 중 하나는 전문가인 영양 교사(영양사)가 존재한다는 점일 것이다. 영양 교사가 되고자 하는 자는 먼저 대학에서 영양학을 공부하고 졸업 자격을 얻으면 영양사 면허 시험을 치를 수 있다. 영양사 면허증을 획득하려면 단체 급식 이론과 영양학 등 많은 지식을 습득해야 하고, 영양사 면허 시험을 통과하면 곧 전문가로서의 자격을 얻는다.

그런데 이반 일리치는 《전문가들의 사회》라는 책에 포함된 글에서 현대 사회의 '전문가'에 대해 혹독하게 비판하였다. 이반 일리치는 특히 의료, 법률, 교육, 관료 분야의 전문성을 문제 삼았는데, 한 가지 예로 의료 전문인은 '아픔ill'을 의사가 치료해야 할 '질병illness'으로 규정하며 시민들을 의료 산업의 노예로 추락시킨다고 하였다.

의료는 문화를 병들게 한다. 교육은 환경을 알 수 없는 것으로 만드는 경향이 있다. 자동차는 간격을 좁혀야 할 지점에 고속도로를 박아 넣는다. 이렇듯 성장의 임계점을 넘어선 제도들은 저마다 근본적 독점을 행사한다.*

상세한 설명은 없었지만, 일리치가 나열한 전문가의 종류 중에는 영양사도 언급된다. 아마도 전통적으로 이어져 내려오는 자립적 식생활과 별개로 전문성을 발휘한다며 획일적으로 조리한 음식을 기계적으로 제공하기 때문일 것이다. 자신에게 필요한 밥상을 스스로 준비할 기회를 전문가에게 빼앗긴다는 데 가장 큰 문제가 있다. 영양 전문가는 다양하고 풍부한 민족적 정통성 등과는 무관한 단일한 종류의 식사를 수많은 사람에게 동시에 제공함으로써 그들의 자주적 역량을 잃어버리게 한 혐의가 있음을 이야기하고자 했을 것이다.

사실 학교급식의 가장 큰 약점은 획일성과 강제성이다. 모든 사람에게 일률적으로 배분된, 똑같은 종류와 비슷한 양의 음식을, 자신의 건강 상태와 무관하게 먹어야 하고 소화해 내야 하는 것이다. 그렇기 때문에 단체 급식으로서 학교급식 식단을 구성할 때는 보편성이 매우 중요하다. 누구나 거부감 없이 먹을 수 있는 평

---

* 이반 일리치, 〈우리를 불구로 만드는 전문가들〉, 이반 일리치 외, 신수열 옮김 (2015), 《전문가들의 사회》, 사월의책, 43쪽.

범하고 전통적인 식단*을 구성해야 무리가 없다.

알레르기 환자를 배려하기 위해 알레르기 식품을 반드시 표시하도록 제도화됐는데, 이 역시 영양 교사의 역할 중 하나이다. 이는 알레르기 환자가 스스로 피하는 수밖에 없는 단체 급식의 한계로 인해 식단의 위험성을 알려 주기라도 해야 하기 때문이다. 특정 식품에 알레르기를 보이는 사람이 그 물질이 들어 있는 줄 모르고 음식을 섭취했다가는 치명적인 증상을 일으킬 수 있고, 심할 경우 생명을 잃어버릴 수도 있는 문제다. 실제로 몇 해 전, 우유 알레르기가 있는 학생이 학교급식으로 우유를 혼합하여 조리한 카레밥을 먹고 사망하는 일이 발생하기도 했다.

학교급식의 문제점은 학생과 교직원이 소비자 같은 마음을 갖고 한 끼의 식사를 소비하고, 자신이 스스로 준비한 음식이 아니기 때문에 조금만 불만스러우면 아무렇지도 않게 버리는 것이다. 학생들은 주변의 교직원이나 선배 그리고 친구에게 많은 영향을

---

* 전통 식문화는 한 민족이 정주하고 있는 지역의 풍토, 기후 등 환경에 적합한 식문화를 창조하여 그 맛과 기능의 유익함이 검증되어 오랫동안(대략 100년을 기준으로 삼는다) 이어져 오며 간직하는 음식과 식생활 습관을 아우르는 말이다. 한국의 대표적인 전통 음식을 꼽으라면 장류와 김치류이다. 식생활 습관은 하루 세끼로 밥, 국류, 김치를 챙겨 먹는 것, 젓가락을 사용하는 것 등을 들 수 있다. 학교급식 식단 구성의 제일 원칙이 이러한 전통 식문화의 계승과 발전인데, 학교 현장에서 이 원칙을 지키는 것이 여간 어렵지 않다. 학생들의 입맛이 많이 달라졌기 때문이다. 전통 음식의 영양학적 가치는 이미 세계가 인정하고 있다. 그러므로 외국 음식이나 퓨전 음식, 간편식 등을 즐겨 찾더라도 우리나라 전통 식문화의 단단한 바탕 위에 더해지는 것이 필요해 보인다.

받는다. 곁의 사람들이 하나둘 먹지 않고 버리면 스스로 먹고 맛을 알아보기도 전에 먹지 않을 생각부터 한다. 많은 사람이 음식물을 버리는 것을 보며 자신도 전혀 문제의식을 갖지 않고 쉽게 버린다. 오히려 버리지 않고 다 먹는 자신을 부끄러워하는 왜곡 현상*이 나타나기도 한다. 이러한 현실에 영양 교사가 일조하는 것 같아 마음이 무겁다.

이반 일리치에 의하면 영양 교사는 학생과 교직원들을 무능하게 만들 위험이 있는 전문가이다. 어쨌든 대학에서 학습한 것이 전부인 한계를 가졌지만 영양 교사의 입장에서 보면 학교급식은 균형 잡힌 영양소를 저렴하게 공급할 수 있는 매우 효율적인 방법임에 틀림없다. 그렇지만 학교급식을 통해 균형 잡힌 영양소를 섭취한다는 것의 전제 조건은 주어진 음식을 다 먹는다는 것인 만큼, 영양 교사는 남김없이 모두 먹도록 최대한 맛 좋은 음식을 제공하고 급식 지도에도 필사의 노력을 기울여야 한다. 또한 영양 교사는 이반 일리치가 비판하는 '인간을 불구로 만드는 전문가'와는 달라야 한다. 식단을 구성할 때는 먹는 사람들에게 '왜 식단을 이렇게 구성했는지'에 대해 설명하고 설득할 수 있어야 하며 더 나은 세상을 만들기 위해 어떤 것을 어떻게 먹어야 하는가에 대한 철학과 사명감을 가져야 한다.

---

* 친구들로부터 '먹보', '돼지'라고 놀림을 받기도 하고 실제로 자신을 그렇게 생각하기도 한다.

균일한 학교급식이 좋다

학교급식의 획일성이 약점이기만 한 것은 아니다. 가정에서의 식사는 그 가정의 사회 경제적 수준에 따라 차이가 있다. 특히 식재료 가격 면에서 현격한 불평등이 존재한다. 당연한 말이지만 식재료의 영양소가 질적으로나 양적으로 가격과 꼭 비례하는 것은 아니다. 그러나 부유한 가정일수록 유기농 식재료와 같은 값비싸고도 건강한 식재료를 선택할 가능성이 더 많은 것은 분명하다.

또한 가정마다 가지고 있는 식생활 문화도 다르다. 한국의 전통 식문화는 집집마다 비슷하겠지만, 장맛이나 김치의 맛 그리고 장이나 김치로부터 파생한 많은 음식의 맛은 모두 다르다. 가정의 수만큼 음식의 맛이 존재하는 것이다. 요즘은 가공식품이나 반조리 식품이 늘어서 표준화된 맛을 보게 되는 일도 많지만, 그렇더라도 각 가정에서 만들어 먹는 식사의 질과 식문화는 천차만별이라 해도 과언이 아니다. 그래서 특정한 식문화에 의해 편향된 식습관이 고착되어 생활 습관 병이 가족력으로 생길 수 있다는 점을 가정 식사의 가장 큰 단점으로 꼽을 수 있다.

학교급식은 부자 동네나 가난한 동네 가릴 것 없이 식사의 질이 비교적 균일한 것이 특징이다. 교직원이나 고학년, 저학년 사이에는 먹는 양에 차이가 있지만, 그것은 영양 필요량이 생애 주기별로 다르기 때문으로 당연한 일이다. 그러나 적정 제공량을 주더라도 개인 기호에 따른 편식 습관 때문에 각자 섭취량이 달라지면 아무 소용없이 영양소 불균형으로 이어질 수 있음을 염두에 두어야 한다. 즉 제공량이 문제가 아니라 개인의 편식 습관이 개인의 섭취량과 흡수량을 좌우하므로 결과적으로는 가정 식사와 크게 다를 것이 없게 되는 것이다. 다만 학교에서는 담임 교사와 영양 교사 등의 급식 지도가 따르기 때문에 가정에서 편식을 할 때보다는 교정 가능성이 더 크다. 이것도 학교의 영향력이 가장 크게 미치는 유치원이나 초등학교 저학년 정도에 해당되겠지만 말이다.

먹는 사람과
조리하는 사람이 분리되다

내가 처음 근무한 곳은 농촌에 있는 한 초등학교의 분교로서 전교생이 36명인 벽지형 학교였다. 당시 정식 교명은 '영북국민학교 대회산 분교'였다. 경기도 포천군 영북면 대회산리에 자리한 학교로, 인근에 한탄강이 흐르고 비둘기 주머니처럼 움푹 패인 바위가 계절마다 절경을 이루어 '비둘기낭'이라는 이름이 붙은 명소가 있는 곳이다. 지금은 사라졌지만 무척 아름다운 학교였다. 그곳 아이들은 봄이 되면 걸어서 비둘기낭으로 소풍을 가곤 했다. 복식 학급으로 구성되어 1학년과 2학년이 한 학급, 3학년과 4학년이 또 한 학급, 5학년과 6학년이 한 학급이었다. 전교 학급 수가 세 개이므로 교사도 딱 세 명이었고, 이 세 사람 중 분교 주임으로 선임된 교사는 학생들 수업과 생활 지도는 물론 학교 행정을 겸해서 학교의 온갖 대내외적인 일을 처리하였다. 학생들은 분교 주임 선생님을 교장 선생님이라고 불렀다.

나는 1989년 9월에 영양사로 배치되어 조리사* 1명과 함께 학교급식을 담당했다. 또 학교의 시설이나 보안을 담당하는 주무관(당시는 기사라고 불렀다)이 2명 있어서 대회산 분교에서는 총 7명의 교직원이 36명의 학생들을 가르치고 돌봤다. 학생 수가 적은 학교이기 때문에 새 학년이 되어 새로 부임한 교직원은 보통 한 달도 안 돼서 전교생의 집안 형편이나 편식 습관 등을 알 수 있다. 급식은 내가 부임하기 전부터 해 오고 있었다.

많은 것을 간과한 급식 정책은 다시 세워야 한다

학교급식은 가장 먼저 도서 벽지에서 무상으로 실시했고, 농촌형 학교는 급식비의 일부를 수익자에게 부담하도록 하는 방법으

---

* 34년 전 당시는 조리하는 자에게 조리사 자격증을 요구하지 않았고 주로 마을에 정주하는 여성이나 학부모가 일급을 받으며 학교급식 조리를 담당하였다. 동네 사람이나 학부모이기 때문에 서로 얼굴도 잘 알뿐더러 집안 사정 등도 훤히 아는 사이였다. 오히려 외지에서 온 교사나 영양사는 이방인으로서 그저 잠시 머물다가 다른 곳으로, 더 넓은 지역으로 떠나곤 했다.

로 급식을 실시하는 학교 수를 점차 확대하였다. 대규모 도시 학교에서는 먼저 한두 학교가 시범으로 실시했다가 그 수를 늘려가는 식이었다. 학생 수가 2,000명이 넘는 큰 학교에서 급식을 시작할 때는 지금처럼 전교생 모두에게 급식할 엄두를 내지 못하여, 3~6학년이나 5~6학년에서 부분적으로 실시했다. 학교에서 급식을 먹지 않는 저학년 학생들은 급식을 먹는 고학년들을 부러워하곤 했다. 날마다 급식을 먹고 싶어서 학수고대하다가 학년이 올라가서 급식을 먹기 시작하면 저학년 티를 벗으려고 스스로 의젓해지는 모습을 보이기도 했다.

내가 처음 갔던 학교처럼 학생 수가 100명이 채 안 되는 아주 작은 학교는 대개 식당 시설이 있다. 반면에 비교적 큰 학교는 조리 시설이 갖추어진 조리장만 있고 식당이 없어서 보통 교실에서 밥을 먹었다. 이것을 교실 배식이라 하는데, 음식을 준비하는 양과 급식 지도 측면에서 식당 배식과는 많은 차이가 있다. 조리 종사자들의 작업량도 다르고 노동 강도 면에서도 양상과 정도가 다르며 각각 장단점이 있기 때문에 적절하고 적확한 시설 지원과 처우가 있어야 한다. 또한 공동 조리 급식이라 하여, 한 학교에서 음식을 만들어서 조리하지 않는 소규모 학교('비조리교'라 칭한다)로 매일 배달을 하는 경우도 있으며, 한 명의 영양 교사가 두세 곳의 학교를 순회하며 급식 관리를 하는 공동 관리 급식 학교도 있다. 영양 교사가 없을 때는 조리사 책임하에 학교급식이 이루어지는 것이다. 이런 상황에서는 영양 교사는 식단만 작성하는 사람이고 조리할 때는 없어도 되는 사람이라고 생각할 수 있으며, 실제로 내교해도 이방인과 같이, 때로는 손님과 같이 생각되어 급식 관련 교육 활동에 적극 개입하기에 곤란하다.

이런 방식은 영양 교사 인건비 절감 효과가 있지만, 영양 교사 입장에서 판단할 때 소탐대실이라는 사자성어가 떠오를 만큼 신뢰할 수 없고 비교육적인 정책이라 생각한다. 급식은 영양 교사만이 할 수 있다거나 해야 한다는 독선이 아니다. 급식 실무 주체(즉 식단을 구성한 영양 교사)가 상주하지 않으므로 급식 지도나 식생활교육이 활발하게 이루어질 수 없는 한계가 크다는 뜻이다. 영양 교사가 식생활교육 자료나 급식 지도 요령을 교직원 연수 등을 통해 전달하지만 잘 지켜지지 않는 것이 현실이다. 영양 교사가 직접 급식 지도를 수행해도 편식을 교정하거나 식생활 태도 등을 수정하는 것이 여간 어렵지 않은데, 상시적으로 담당자가 부재한 상황에서는 학생과 교직원의 학교급식에 대한 인식부터 다르지 않을까 염려되는 것이다. 제공된 식단을 해석하고 설명하는 데도 조리사 혼자서는 한계가 있기 마련이다.

이 밖에도 교육부나 시·도교육청은 지금까지 급식 운영에서 매우 단순한 정책만 펼치고 있어서 학교 현장을 힘들게 하고 있다. 영양 교사와 조리 종사자 인력 배치 기준이 대표적인 문제다. 조리 인력 배치 기준의 경우 고려되는 것은 산술적으로 계산한 급식 인원수뿐이다. 그것도 매우 긴축적이기 때문에 지금까지 학교급식의 역사 속에서 많은 문제, 곧 산업 재해라든가 학생과 학부모의 급식에 대한 불만* 등을 낳는 원인이 되고 있다. 이 문제는 잠깐만 생각하면 누구나 공감할 수 있다.

초등학생과 고등학생의 섭취량을 비교하면 2배 내지 심할 경우 음식 종류에 따라 3배(육류)까지 차이가 난다. 그렇다면 초등학생 500명과 고등학생 500명의 급식 작업량이 어떻게 같을 수 있을까. 또 현대식 주방 시설을 갖춘 조리 공간과 낙후되어 무엇이든 몸으로 때워야 하는 구조와 시설이 있는 공간에 단지 급식 인원이 같다는 이유로 조리 인력을 똑같이 배치한다면 어떻게 될까. 자동화, 현대화된 작업장에서는 노동 강도가 상대적으로 수월한 반면, 그렇지 못한 곳의 노동자는 노동 강도도 셀 뿐 아니라 아무리 열심히 해도 끝나지 않는 노동 시간에 지치고, 그러다가 심지어 다치는 일도 발생하는 것이다.

더욱 황당한 것은 2,000명 이상 큰 규모로 급식을 시작한 학교인데 인구 감소 추세와 지역 특성에 따라 학생 수가 급감하면 조리 인력도 비례하여 줄여 버리는 경우이다. 급식 인원수와 조리 인력에 알맞게 공간을 재구조화하지 않으면 공간 관리의 문제가

---

* 급식을 영어로 번역하면 'food service'이다. 즉, 서비스업이다. 기본적으로 충분한 인력이 있어야 좋은 급식이 제공될 수 있는 것이다. 인력 부족과 피급식자의 불만은 심각한 악순환을 일으킨다. 피급식자의 불만은 조리 종사자를 경직되게 하며, 종사자는 급식 일을 '스스로' 저평가하게 되고 그 결과 자기 직업에 대한 만족감도 낮아진다. 그러나 조리 종사자가 행복하지 못하면 그가 짓는 음식은 '독'이 될 수 있기에 심각한 문제다.

고스란히 노동 문제로 전가된다. 비유하자면 이는, 50평 아파트와 25평 아파트의 관리 비용에 차이가 나는 것은 당연한데, 50평 아파트에도 3명이 살고 25평 아파트에도 3명이 산다는 이유로 50평도 25평만큼의 관리 비용만 지불하겠다는 셈법을 적용하는 것과 같다.

영양 교사 배치의 경우도, 교육부는 영양 교사를 충원해야 할 필요성과 당위성은 충분하지만 교원 총 정원제에 묶여서 어려움이 있다고 말한다. 〈2021학년도 학교급식 실시현황〉*에 따르면 전국 11,976개교에서 영양 교사는 6,277명(57.4%)뿐이다. 정규직 영양사(식품위생직)는 119명**, 교육 공무직 영양사(무기 계약직, 비정규직)는 4,536명으로 집계되고 있다. 어느 교원이 비정규직으로 50% 가까이 채워져 있는가.

학교급식은 급식 관련 종사자의 인적 구조가 매우 복잡하기 때문에 풀리지 않는 문제도 많다. 학교급식을 둘러싸고 학교 관리자, 영양 교사, 조리 종사자, 담임 교사, 비담임 교사, 행정실장, 행정실 직원 등 학교 구성원 전부가 관련돼 있다고 해도 과언이 아니다. 이렇게 얽혀 있지만 이해관계는 모두 조금씩 다르다. 구조가 복잡할수록 원칙을 확고히 지켜야 하고 원활한 소통을 해야 한다. 그러나

---

* 〈학교급식 실시현황〉은 전년도 통계 자료가 이듬해 7월 정도에 발표되므로 2022년 현황은 아직 공식 자료가 없다.
** 이들은 모두 교육청에서 급식 행정 업무를 담당하고 있다.

복잡하기 때문에 쉽게 흔들리기도 하는 것이 사실이다.

온 마을이 학교급식을 통해 아이를 키우다

다시 초임 학교 이야기로 돌아가 보자. 대회산 분교는 조리하는 사람이 한 명이었기 때문에 당시 학부모가 급식 당번으로 아침 일찍 학교에 와 급식 노동에 참여하였다. 균형 잡힌 영양소 함량을 계산하여 식단을 구성하는 일이나 그에 따른 식품 구매 업무, 그리고 회계 업무와 식생활 지도 등은 영양사의 일이지만, 조리와 세척, 소독과 급식실의 정리 정돈과 청소 등은 조리사와 급식 당번 학부모가 하였다.

학부모가 자신의 노동력을 대가 없이 제공한다는 것은 지금으로선 감히 생각할 수 없는 노동 착취지만, 대부분의 학부모가 기꺼운 마음으로 시간과 마음을 내주었다. 더욱 놀라웠던 것은 급식 당번인 날은 그날 급식으로 먹을 김치를 집에서 직접 담가서 가지고 와, 학생들과 교직원들에게 대접하는 문화였다. 학부모들은 솜씨를 자랑하듯 맛있게 담가 오려고 애를 쓰는 모습이 역력했다. 지금과 같이 학교급식 조리장에 HACCP 시스템이 적용되고 있는 상황이라면 있을 수 없는 일이다. HACCP 시스템은 위생적으로 검증되지 않은 외부 음식(예를 들면 가정에서 담근 김치)의 반입이 원천적으로 봉쇄된다.

학교급식 조리장 위생 관리 시스템은 현재 학교급식 관계자인 영양 교사와 조리사, 조리 실무사, 그리고 식재료를 납품하는 배송 기사들도 원칙적으로 급식 조리장에 들어오려면 사전에 건강 검진을 연 2회 실시하여 이상이 없다는 증명서인 건강 진단 결과서(일명 '보건증')를 소지해야 한다. 「식품위생법」상 집단 급식소에 종사하는 종업원은 1년에 한 번씩 건강 진단을 받으면 되는데 학교급식 관계자는 기준이 엄격해 6개월마다 검진해야 한다. 그러니 오늘날엔 학부모의 급식 작업 참여란 아침 검수를 제외하고는 불가능한 셈이다.

과거 내가 처음 부임한 학교에서는 이미 급식 당번 제도가 체계적으로 운영되고 있어서 놀라웠다. 아이들은 자기 어머니 혹은 친구 어머니가 만들고 차려 주는 밥상을 함께 먹는 것이다. 먹는 사람과 조리하는 사람이 모두 공동체의 구성원으로서 서로를 알고 신뢰하고 있었다. 먹는 사람과 조리하는 사람이 서로에게 어느 정도 노출되어 있었으며, 이는 구성원에게는 심리적 안정감, 물리적 안전감을 갖게 했을 것이다.

또 한 가지 특이했던 것은, 봄이 되면 각 학생의 가정에서 메주를 한 덩이씩 학교로 가지고 와서 1년 동안 급식으로 먹을 간장과 된장을 학교에서 직접 담갔던 것이다. 요즘은 전통 간장, 전통 된장, 전통 고추장이라 하여 '전통'이라는 용어가 상품명에 삽입된 채 유통되고 있다. 간장, 된장, 고추장을 직접 담가 먹는 집도 거의 사라진 상태다. 늦가을에 김장을 담그는 일이 아직까지는 간

신히 유지되고 있으나 이 또한 언제 사라질지 위태롭기만 하다.

학교의 규모가 작기 때문이었을까. 아마 그런 면이 없지 않았겠지만, 그보다는 예전에는 먹거리에 대한 자립정신과 자활 능력이 충분히 있었다는 점을 짚고 싶다. 먹거리를 직접 만들어 먹는 것이 당연한 시절이 있었다. 주방 시설이 좋은 것도 아니고 시간이 한가로운 것은 더욱 아니었다. 농촌은 철마다 그 시기에 꼭 해야 할 일이 산적해 있다. 때를 놓치면 농사를 망치기 때문에 게으름을 피울 수도 없다. 각종 채소만 해도 그렇다. 수확할 때가 조금만 지나도 밭에서 쇠어 버려 뻣뻣해져서 먹기에 좋지 않고, 어떤 것은 독성마저 생겨서 못 쓰게 되기도 한다. 또 제때에 거두어들여도, 곧바로 손질하고 조리하지 않으면 누렇게 떠 버려서 먹지 못하게 된다. 이렇게 바쁜 곳이 농촌인데, 그 바쁜 일상을 쪼개어 내 아이, 우리 아이들, 선생님들이 먹을 김치를 담기 위해 한껏 솜씨를 내 주는 것이다. 김치통의 뚜껑을 열어 보면 각양각색의 모습 속에서 김치 담근 이의 마음을 읽을 수 있다. 통깨를 곱게 뿌린 김치, 빨간 고춧가루를 듬뿍 넣은 간간한 김치, 풀을 쑤어 막 버무린 열무김치, 가장 바쁜 마음을 엿볼 수 있는 깍두기까지 모두 맛을 뽐내며 학교로 온다.

엄마가 학교에 오는 날, 그 자녀는 아침부터 기분이 들떠 있다. 괜히 히죽히죽 웃기도 하고 목소리가 약간 높아져 있기도 하다. 그 감정의 고조는 도시의 학교에서 문턱이 닳도록 드나드는 부모의 자녀 모습과는 사뭇 다르다. 그 농촌 아이는 아마도 집에서 엄마가 얼마나 애쓰며 김치를 담갔는지 보았을 것이다. 밭에 나가서 제일 좋은 배추를 고르는 것부터 그것을 다듬고 씻어서 절이고, 갖은 양념을 넣어 버무리는 그 모든 과정을 지켜보며 자랑스러움을 느꼈을 것이다. 어쩌면 학교에 가지고 갈 김치를 담그는 일을 함께 거들었을지도 모른다. 급식 당번 학부모가 학교에 와서 급식 작업을 할 때에는 내 집 살림을 하듯 주체적, 열성적으로 한다. 모든 교직원과 학생들이 자신의 어머니에게 감사 인사를 건넬 때, 아이의 마음은 얼마나 신이 났을까.

간혹 어머니를 일찍 여읜 아이들이 있을 때는 학교에서 배려하여 건너뛰기도 하지만, 할머니나 이모, 고모가 당번을 하러 오기도 했다. 학생 주변에 여자 어른이 아무도 없으면 친구 어머니가 대신 급식 당번 활동을 하기도 했다. 물론 급식 당번 활동을 여성만 감당한 것은 문제다. 처음 당번 구성부터 아버지 같은 남자 어른이 함께 참여했다면 학교급식에 대한 여성의 부담도 그만큼 덜어졌을 것이다. 학생 수가 적기 때문에 이런 봉사 활동을 한 가정에서 1년이면 여섯 번 내지 일곱 번 정도 감당해야 한다. 형제자매가 같이 다니는 경우는 2배가 되기도 했다. 부모들은 약 40여 명이 먹을 김치 담그기, 조리, 배식, 세척, 청소 작업 등 일련의 급식 작업을 하기 위해 부지런히 학교를 오고 갔다.

급식 당번 활동을 위해 학교에 온 날이면 자연스럽게 담임 교사, 영양사와 함께 자식(학생)의 성장·발달에 대한 이야기를 나눈다. 요즘은 상담 주간이나 학부모 공개 수업이 아니면 담임 교사와 자녀에 관해 여유롭게 이야기를 나누기가 거의 불가능하다. 자녀에게 '문제'가 발생하면 그 문제를 '해결'하기 위해 내교하는 것이 전부라고 해도 과언이 아니다. 학교 일에 참여하기 위해서는 학교운영위원회 학부모 위원으로 선출되어야 한다. 아니면 녹색어머니회나 어머니폴리스, 도서도우미 봉사 등 많은 학교 일에 '동원'되는 경우가 허다하다.

지금도 학교급식 분야는 학부모의 관심이 높은 편이기 때문에 급식소위원회 활동이나 급식품 검수 모니터링 활동에 학부모들이 비교적 자발적으로 참여하는 편이다. 급식소위원회는 「초·중등교육법 시행령」 제60조의2에 의하여 의무적으로 두도록 규정하고 있기도 하다. 학교급식은 학교 예산 중에서 매우 많은 비중을 차지하고 있기 때문에 투명성을 담보하기 위한 제도적 장치이다. 학교에 등교하는 날이면 모든 학생이 매일 급식을 먹으므로 누구에게나 고루 영향을 미치는 유일한 분야이기도 하다.

당시 농촌형 또는 도서 벽지형 학교에서는 학교 텃밭에서 기른 파, 상추, 풋고추, 가지, 근대, 아욱, 무, 배추, 시금치 등 푸성귀를 학교급식에 이용할 수도 있었다. 지금도 「학교급식법」상으로는 학교 자체 생산물 사용이 불가능하지 않지만, 대체로 위생상의 위험 부담 때문에 급식에서의 공식 사용, 즉 식단에 사용하는 것은 꺼리게 된다.

학교급식 식단은 가정에서 일상적으로 먹던 음식이 대부분이지만, 일반적으로 가정에서보다 영양소를 더 골고루 섭취할 수 있었기 때문에 학생들은 비교적 잘 먹고 튼튼하게 자랐다. 당시 벽지형 학교를 제외하면 학교급식이 수익자 부담 원칙으로 실시됐기 때문에 학부모들은 정기적으로 급식비를 납부하였다. 그럼에도 불구하고 음식에 대한 고마움, 조리하는 사람에 대한 감사의 마음을 크게 나타냈다. 학생들은 영양사의 입장에서 볼 때 도리어 감사할 정도로 잘 먹었으며, 그 때문인지 무럭무럭 자랐다. 학교급식은 해마다 설문 조사 내지 만족도 조사를 실시하는데, 당시에는 임의 사항이었기 때문에 조사를 안 해도 별다른 문제는 없었다. 그래도 나는 급식 평가를 통해 차기년도 계획을 수립하는 데 개선할 점을 도출하기 위하여 설문 조사를 실시하였다. 언제나, 어느 학교나 만족도가 매우 높게 나타났다. 설문 조사를 하면 학부모나 학생, 교직원 모두 '무슨 이런 조사를 하나' 하며 민망해하기도 했다.

당시 급식 지도 상황을 돌이켜보면 요즘과는 정말 많이 달라 격세지감을 느낄 정도다. 담임 교사는 아이들이 모든 음식을 먹어 보고 경험할 수 있도록 일일이 수저로 떠먹여 주며 폭풍 칭찬을 하기도 했다. 초등학교 1학년의 경우 파를 처음 먹(는다고 생각하)거나 시금치나물 먹기를 새삼스럽게 경험하거나 카레 소스를 처음 먹어 보는 등 새로운 음식을 처음 먹은 아이들은 몹시 의기양양해하고 자랑스러워했다. 그 모습은 33년이 지난 지금도 눈에 선하다. 밥을 다 먹고 식판을 배출할 때는 담임 교사나 내게 식판 검사를 받았다. 식판에 남아 있는 밥풀이 없는지, 음식을 남긴 경우 식판을 깨끗이 비워 설거지하는 데 어려움이 없도록 배려했는지를 살피기 위해 검사하는 것이다. 그것이 교육적인 활동이었는지, 아니면 억압적이고 비교육적인 지도였는지는 잘 모르겠다. 다만 워낙 소규모 학교였고 조리하는 사람이 모두 마을공동체의 일원으로서 서로를 너무나 잘 알았기 때문에 자신에 대한 훈계나 칭찬을 들은 학생은 그냥 흘려들을 수 없었을 것이고, 새겨듣고 행동, 태도, 습관 등을 고치려고 애썼다.

한 아이를 키우기 위해 온 마을이 필요하다는 말은 이럴 때 사용하는 말 같다. 오늘날과 같이 행정적, 시스템적으로 묶인다기보다는 오랫동안 '함께 살아온 공통의 역사'를 공유하고 있는 '사람들과의 친밀한 관계'가 아이들뿐만 아니라 '마을 사람을 성장'시키는 환경이라는 의미일 것이다.

먹는 사람과 조리하는 사람은 무관하지 않다

요즘 보고 겪는 학교급식 시간의 풍경은 30여 년 전과는 너무 많이 다르다. 학년 초가 되면 어떤 학부모는 '우리 아이는 ○○을 먹지 못하니, 억지로 먹이지 마세요. 토해요'라며 담임 교사와 영양 교사에게 당당히 요구한다. 그때 언급되는 식품은 대개는 알레르기를 별로 일으키지 않는 채소들이다. 물론 개인의 기호, 취향에 따라 더 좋아하는 음식이 있거나 몹시 싫어하는 음식이 있을 것이다. 그러나 먹어 보기도 전에, 가정에서 고정된 식습관을 더욱 고착시키는 결과를 낳을 수 있는 요구를 아무렇지 않게 하는 것이 바람직할까. 그러한 요구는 급식 지도 특히 편식 지도 책무가 주어진 교사의 업무를 근원적으로 침해하는 행위이다. 이것이 학부모로서 자녀를 위해 진정 옳은 행위인지 깊이 생각해 볼 일이다.

먹는 사람과 조리하는 사람이 관계 맺지 못하고 무관하며 완전히 분리되어 있는 집단 급식소, 학교급식 조리장은 그곳에서 아무리 따뜻하고 건강한 밥을 생산했다 하더라도 먹는 사람에게 건강성을 담보할 수 없다. 왜냐하면 먹는 사람이 음식의 근원적 숭고함을 알아차리지 못하고 그 음식을 준비한 사람에 대한 감사한 마음을 느끼지 못하면 그것은 음식이 아니라 한낱 영양 물질에 지나지 않을 수 있기 때문이다.

'내가 먹는 음식이 바로 나'라는 말처럼 내가 먹는 음식을 자연과 나를 연결하는 매개물로서 경건하게 대할 때 그 음식이 몸 안에 들어와 온전히 '나'의 일부 또는 전부가 될 수 있다.

음식을 준비한 사람을 대하는 태도에서는 음식에 대한 경건한 마음이 나타나고, 거꾸로 음식을 대하는 태도에 그 음식을 준비한 사람에 대한 감사함이 어떠한지 표출된다. 먹는 사람과 먹거리를 준비하고 대접하는 사람은 결코 서로 무관하지 않다. 모두 하나로 연결되어 있다. 학교급식을 통해 이러한 관계의 원리(인간과 인간과의 관계, 자연과 인간의 관계)를 깨닫는다면 그 깨달음은 삶의 기초가 되고 동시에 삶을 살아가는 힘의 원천이 된다.

코로나19 시기,
학교급식 잔혹사

2020년 3월, 코로나19 팬데믹 속에 봄 학기 개학을 계속 미루다가 결국 그해 5월 말에 가서야 학생들이 부분 등교를 시작하였다.* 그해 한 국회의원이 학교급식 대상을 학생에서 교직원으로 확대한다는 「학교급식법」 개정안을 마련했고, 이와 관련한 공청회 성격의 토론회**를 열었다.

---

* 전국의 모든 학교가 2020년 5월 27일(월)부터 온라인으로 개학했고, 등교는 학년별 또는 학급별로 부분적으로 시도하였다.
** '코로나19 시대, 새로운 교육환경에 따른 학교급식법 제4조 개정의 의미와 역할' 토론회, 2020년 9월 21일.

「학교급식법」 제4조에 있는 학교급식 대상은 유치원을 포함하여 초·중등학교 학생이다. 이들을 학교급식 대상으로 규정한 이유는 성장기에 있는 학생들에게 생애 주기에 맞춰 적정 영양량을 제공함으로써 건강하게 자라도록 하기 위해서다. 또한 영양·식생활 교육을 통해 평생 건강의 기틀을 다잡기 위한 것도 중요한 목적 중 하나다.

교육공동체 구성원은 모두 학교급식을 이용하고 있다. 학생을 위한 급식이지만 공동체에 속한 모두에게 식사를 제공하는 것은 지극히 자연스러운 일이다. 그런데 해당 개정안은 「학교급식법」 제4조의 학교급식 대상을 '교육과정에 참여하는 자'로 규정하려 했다. 이는 학생, 즉 학교급식 대상이 없어서 급식이 중단되는 바람에 교직원 대상 급식도 이루어지지 않자 교사들의 요구를 받아들여 발의한 것이다. 현재 「학교급식법」을 가지고도 희망하는 교직원에게는 급식을 제공하고 있었는데, 법을 개정하면서까지 학교급식 대상을 확대한다는 것이 어딘지 좀 이상했다.

이런 모습은 단체 급식의 정의, 특성, 체계 등을 알지 못하는 데서 비롯된 것이었다. 또한 학교급식을 교육 활동이 아닌 구성원 복지 정책 정도로 인식한 데서 나온 발상이기도 하다. 출근한 교직원에게 밥을 '팔면 사겠다'는 소비자 입장의 발상이 아닌가 하는 생각도 들었다.

오늘날 학교 교육과정 운영은 '개방'을 지향한다. 학부모 참여에 열려 있고 외부 전문 강사의 참여도 매우 잦아서 불특정한 사람들이 일회성이나 간헐적으로 교육과정에 참여하는 경우가 많다. 그런데 이들은 '교육과정에 참여하는 자'이며 단체 급식 정의에서 말하는 '특정인'이지만 '상시 이용자'가 아니기 때문에 급식 대상이 될 수 없다. 이들은 단체 급식 시스템으로 관리할 수 없기 때문이다.

우선 급식이라는 제도 속에서 음식을 먹는 것과 일반음식점에서 음식을 구매하는 행위는 구분된다. 일반음식점에서 음식을 판매하는 데는 조리사 자격이나 영양사 면허를 소지한 사람이 반드시 필요하지 않다. 그러나 모든 집단 급식소로 신고한 단체 급식에는 조리사와 영양사를 두도록 「식품위생법」에 명시되어 있다. 왜냐하면 단체 급식에는 이들의 전문성이 필요하기 때문이다.

게다가 학교급식은 여느 구내식당과도 다른 점이 있다. 학교 실내 체육 시설이 동네 상업용 스포츠센터와 같이 비용만 지불하면 누구나 이용할 수 있는 시설이 아닌 것처럼, 학생이 빠진 상태로 조리장과 조리사가 있다는 이유만으로 교직원만을 위한 급식을 제공한다는 것은 조리 종사자의 정체성을 흔드는 행위이다. 학교 급식이란 식단 계획에서부터 식품 선정 및 구매, 조리, 배식, 세척, 소독 그리고 회계까지 체계적인 절차와 관리가 필요한 단체 급식이면서, 동시에 학교에서 이루어지기 때문에 교육으로서의 의미가 부여돼야 하는 교육 활동이다.

앞서 언급한 「학교급식법」 개정 논의 등에서 드러난, 학교급식 바깥에서 학교급식을 바라보는 시선은 매우 단순하다. 조리 공간이 있고 조리할 수 있는 사람이 있으면, 값을 치를 테니 음식을 만들어 달라는 것이다. 그러나 급식 수혜의 주체는 학생이다. 학생이 있기 때문에 교직원도 급식을 먹을 수 있는 혜택을 누렸던 것이다.

탁상행정이 초래한 혼란

급식을 준비하기 위해 가장 먼저 선행되어야 하는 것이 먹는 사람(고정 불변의 특정 다수)의 특성(성별, 연령 등)과 인원수를 정확히 파악하는 것이다. 코로나19 상황으로 인하여 영양 교사가 가장 어려웠던 부분이 바로 급식 인원수의 잦은 변동이었다.

2020년 봄 학기 개학 연기 때부터 그랬다. 전면 온라인 수업 전환, 등교 중지 등에 대한 교육부의 느닷없는 발표는 영양 교사가 급식을 준비하기 위한 시간을 확보할 수 없게 만들었고 결국 수많은 영양 교사, 아니 전국의 모든 영양 교사가 밤을 새며 급식 준비 작업을 할 수밖에 없었다. 교육부의 기습적인 발표로 인해 예정 식단 구성부터 최종 식단 완성까지 일련의 작업을 수없이 번복, 반복해야 했다. 영양 교사에게는 마치 시시포스의 신화를 연상하게 하는 너무나 힘든 시간이었다.

가장 중요한 급식 인원수가 확정되어야 그것을 바탕으로 영양량을 산출하고 식단가에 맞추어 예정 식단을 구성한다. 예정 식단을 기초로 계획한 식품의 종류*와 수량을 가지고 시장 조사를 하고, 조사한 식품 단가를 교육행정정보시스템NEIS의 급식 전산 시스템에 한 가지씩 일일이 입력한 후 계산한 식단가를 확인한다. 그리고 이것을 기준 예산(식품 단가)에 맞추어 다시 세밀하게 식단을 재구성한다. 계산한 식단가가 정해진 예산보다 높으면 식재료 조정을 통해서 낮추어 적어도 일정 단위 기간 안에 평균 가격을 맞추어야 한다.** 최종적으로 재구성한 식단으로 비교적 정확한 식품 산출량***을 다시 계산하고, 식재료 납품 업체 선정 근거 자료를 만든 다음에는 구입·품의를 요구하는 행정 업무를 수행해야 한다. 이후 절차에 따라 학교 행정실에서는 입찰 공고와 낙찰, 계약 등을 통해 품목별 최종 납품 업체를 결정한다. 그렇게 납품 업체까지 결정되어야 음식을 만들기 위한 1단계의 준비가 갖추어진다. 일련의 과정을 업무로 처리하려면 2~3주 이상 걸리는 일이다. 이 작업은 보통 한 달을 주기로 되풀이된다.****

이러한 행정 업무와는 별도로 급식 작업이 있다. 먼저 조리 작업서(레시피)를 세부 작성한 후 식품 재고를 조사하고 반영해서

---

* 한 달이면 식품의 종류가 200~300여 종 정도이며 관련 납품 업체도 5~7개 이상될 정도로 많다.
** 보통 일주일 단위로 평균가를 맞춘다.
*** 이것도 최종 발주 시에는 또 조정해야 한다.
**** 3월의 식단은 2월 초에 완성하여 중순이면 식재료 납품 업체 선정을 위해 구입·품의를 마쳐야 한다. 또한 식단을 월초에 완성하려면 전월부터 서둘러야 한다. 다시 말해 3월에 사용할 식품 구입을 위한 작업이 1월에 시작하는 것이다.

실제 필요 식품을 산출하여 구매량을 발주한다.* 매일 아침 기준에 따른 식품 검수를 수행해야 한다. 발주한 대로 신선한 식품이 입고되면 비로소 조리 작업을 할 수 있는 조건이 모두 갖춰진다. 만일 기준에 미달한 식품이 납품되었을 땐 반품할 것인지, 감량하고 급식 일지를 수정할 것인지를 신속히 판단해야 한다. 왜냐하면 대량 조리에는 '절대' 시간이 필요하기 때문이다. 자칫 판단을 잘못하면 전교생에게 교육과정에 정해진 점심시간에 맞추어 배식을 할 수 없는 사태가 발생할 수도 있다.

작업자들의 맨손 체조와 조회를 시작으로 조리 작업이 시작되면 영양 교사는 작업이 진행되는 중간에 조리 지도와 감독을 해야 하며 완성된 음식은 검식으로 평가하여 맛을 수정, 보완한 후 조리를 완료한다. 조리 작업, 배식 작업, 세척과 소독 작업 후 종례 시간을 통한 급식 평가를 끝으로 하루의 학교급식 작업이 종료된다. 무슨 일이든 마찬가지겠지만 특히 '단체 급식'을 수행하는 데는 수많은 과정이 동반되며 그에 따라 많은 시간이 필요하다. 지난 2020년에는 코로나19 상황으로 1/3 내지 1/4 등교로 인해 급식 학생 수가 감소했다. 그 때문에 조리 작업량은 줄었지만 작업 공간은 그대로이니, 해야만 하는 작업의 절대량은 거의 그대로

---

* 이때 발주서를 시장 상황에 따라 변경하거나 조정해야 할 때도 있다. 한 가지를 변경해도 마치 퍼즐 조각이 흐트러지듯 연관된 것들까지 바뀌기 때문에, 한참을 수정해야만 식단 구성의 원칙을 지키며 균형을 잡을 수 있다.

라고 해도 과언이 아니었다.

영양 교사 업무량은 도리어 폭탄을 맞은 것 같았다. 이 사태는 영양 교사조차 그렇게 어렵고 힘들 줄을 짐작하지 못했던 일이다. 교사는 한 번쯤 수업 준비를 미처 하지 못했거나 교실에 수업 지도안을 가지고 들어가지 않았다고 해도 수업을 이끄는 데 큰 문제가 없을 수도 있다. 그러나 급식은 많은 시간이 드는 준비 과정이 있어야 하고, 조리 작업서가 없으면 작업 자체가 불가능하다. 더구나 한 번이라도 빠진다면 큰일이다. 이러한 업무 특성으로 밤샘 작업이 불가피했던 것이다.

2020년 8월 25일, 교육부는 보도 자료를 통해 갑자기 바로 다음 날인 8월 26일부터 고등학교 3학년을 제외한 모든 초·중·고 학생에게 등교를 중지하고 전면 원격 수업으로 전환하도록 지침을 내린 적이 있다. 그리고 소수 긴급 돌봄 학생에게는 학교급식(중식)을 계속 제공하겠다고 발표했다. 물론 교육부 지침대로 긴급 돌봄 학생에게 기존과 같은 학교급식을 제공한 학교는 단 한 곳도 없었다. 학교 현장의 실상을 전혀 모르고 만든 탁상행정, 선심 정책이었기 때문이다. 만일 잘 알고도 그런 지침을 정한 것이라면 일선 학교에 공권력으로 폭력을 가한 것이나 다름없다. 학교급식은 학교를 중심으로 수많은 주체들이 매우 복잡한 구조로 얽혀 있기 때문에 이들의 이해관계 또한 간과해서는 안 된다.

부분 등교로 인한 적은 인원의 급식 운영은 식재료 납품 업체의 도산을 가져올 위험이 있었으며 실제로 일부 업체는 영업을 계속

할 수 없는 사태에 빠지기도 하였다. 또한 급식 규모가 갑자기 대폭 축소되면 단체 급식으로서의 특수성, 즉 효율성과 경제성은 상실되고 만다. 예를 들어 5만 원 정도(10명분 최고가 급식 예산)의 식재료를 배송(납품)하기 위해 그보다 훨씬 비싼 인건비(8만~10만 원)를 지불해야 하는 현상이 벌어지는 것이다.

이렇듯 교육부는 현실적 경제 논리에도 전혀 맞지 않는 일을 학부모가 원한다는 이유로 학교에 강요한 것이다. 교육청의 대처도 문제가 많았다. 경기도교육청이 긴급 대책이라고 내놓은 것이, 학교급식 식재료의 당일 입고 당일 조리 원칙을 깨고 일주일에 한두 번 납품받도록 검수 기준을 완화하는 것이었다. 식품을 며칠 동안 보관했다가 급식을 만들라는 것이다. 신선하지 못한 식재료로 조리를 하면 음식 맛이 저하되는 것은 물론이고 자칫 위생 사고로 이어질 수도 있다. 대단히 아슬아슬한 상황이었으나 그에 대한 책임은 고스란히 단위 학교(영양 교사)가 지게 됐다.

코로나19 시국에는 생활 속 거리 두기를 첫 번째 수칙으로 강조하고 많은 사람들이 모일 수 있는 장소는 통제가 강화됐다. 그러므로 학생들의 입장에서도 소찬일망정 가정에서 각자 도시락을 가져오는 것이 가장 안전한 일이었다. 인원이 적은 경우 차선책으로 학교에서 좋은 도시락을 구입하여 제공하는 것이 그나마 현실적인 방법이었을 것이다.

2020년부터 시작된 코로나19 팬데믹으로 인해 학교가 텅 비었던 것이 불과 2~3년 전이다. 아니 불과 1년 전까지만 해도 가림판으로 사방을 둘러싸고 혼자 밥을 먹었다. 밥을 먹을 때 옆 사람과 이야기를 해서도 안 되었다. 음식을 더 먹는 사람을 위해 설치되었던 추가 배식대도 없앴으며 더 먹으려고 자리에서 일어나 배식대로 이동하려면 마스크를 다시 쓰고 움직여야 했다. 참 답답한 상황이 3년간이나 이어졌고 그래도 사람들은 잘 버티어 여기까지 왔다.

다시 코로나19 시기와 같은 위기 상황이 왔을 때 학교급식은 어떻게 대처할 수 있을까. 코로나19 시기의 경험이 우리 모두에게 소중한 배움으로 남을 수 있길 바란다.

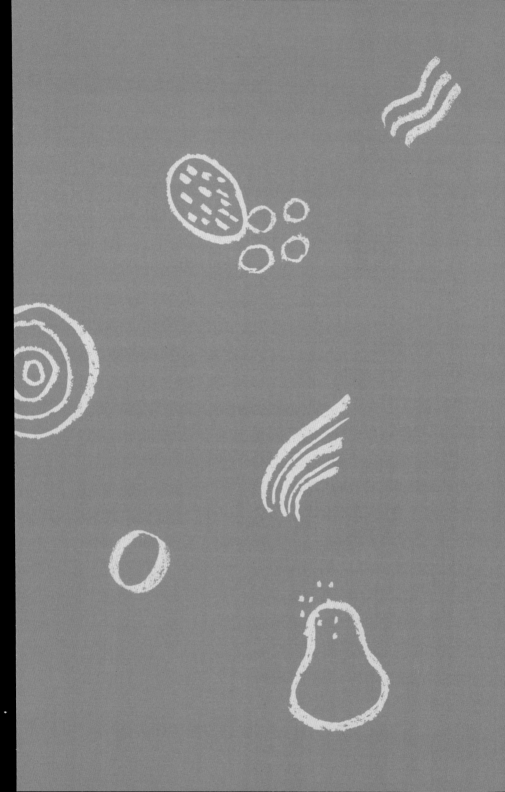

2부

몸을 살리고 지구를
살리는 학교급식

친환경 학교급식,
어디까지 왔나

운동으로서 친환경 학교급식

친환경 농업이란 농약과 화학 비료를 전혀 사용하지 않고 농사를 짓는 것을 말한다. 곧 땅심과 유기질 비료(퇴비) 등과 온전히 농부의 땀으로 농사를 짓는 것이다. 농사를 경험해 보지 않은 사람은 상상할 수조차 없는 여러 가지 노력에 의해서 궁극적으로 땅을 살리고 자연을 살리고 마침내 사람도 살려 내는 농업이 바로 친환경 농업일 것이다.

친환경 농업에 의해 생산된 친환경 농산물은 처음에는 저농약 농산물, 무농약 농산물, 전환기 유기 농산물, 유기 농산물 이렇게 네 가지로 분류되어 생산·유통되었다가 현재는 무농약 농산물과 유기 농산물 두 종류만 인증되고 있다. 유기 농업을 오랫동안해 온 어떤 농부는 친환경 농업(유기 농업)은 철저하고 순수해야만제 목적을 다할 수 있다며, 「친환경농업육성법」이라는 법이 애초에 '유기농업육성법'이었어야 한다고 주장한다. 왜냐하면 저농약이나 무농약 농산물 등을 친환경으로 묶어 허용하면 농사를 지으면서 농약을 사용하고 싶은 유혹을 받을 수 있기 때문이다. 실제로 국제 사회에서는 유기 농산물organic agricultural products만 인정하고있다.

1970년대 일본의 영향을 받아 시작한 친환경 농업은 1980년대 소비자 생협 운동과 친환경 농업이 결합하여 확산되었으나 생산량은 미미했다. 친환경 농업 육성은 1994년 말 농림수산부에'환경농업과'를 신설한 것을 시작으로 한다. 이후 1997년 「친환경농업육성법」을 제정하였고, 1998년 11월 11일*을 친환경 농업 원년의 해로 선포하고 유기 농산물 가공품 품질 인증제를 실시하였다. 1999년 '친환경 농업 직불제도'를 도입함으로써 농촌 지역에서 친환경 농업을 육성하기 위한 제도적 기반을 마련하였다. 친환경 농업 직불제도는 친환경 농업을 실천하는 농부에게 소득 감소

---

* 1997년 이후 정부는 매년 11월 11일을 농업인의 날로 지키고 있다. 학교급식에서는 학생들에게 가래떡을 제공하며 함께 기념한다.

분 및 생산비 차이를 보전하는 제도이다. 2000년대에 들어서는 정부 주도의 친환경 농업 육성 정책이 양적으로 성장했으며 상업적 산업화에 주력하였다. 2010년대에는 학교급식을 비롯한 공적 소비 확산, 친환경 농업 제도에 대한 반성과 정책적 방향 전환이 논의되었다.

2002년부터 지금까지 급식운동(주민 발의 급식 조례 제정 운동 등)을 이어 오고 있는 시민사회단체*는 오늘날과 같은 개방화, 세계화 시대에 농업의 공익적 기능을 강조하고 농업 생산을 지속적으로 유지하기 위해서는 친환경 농업만이 대안이라고 강조하였다. 지역마다 펼쳐진 주민 발의 급식 조례 제정 운동의 결과 매우 빠른 속도로 전국에 학교급식지원조례가 제정되었다. 이들 조례의 핵심은 자치 단체가 학교에 급식비 일부(친환경 농산물 차액)를 지원하고 지역 농산물 사용을 의무화하는 내용을 담는 것이었다. 이는 현재의 친환경 무상 학교급식 제도의 밑바탕이 되었다. 가장 큰 성과 중의 하나는 일부 광역 또는 기초 단위에 학교급식지원센터**를 만든 것이다.

---

* 2003년부터 광역 및 기초 단위 지역에서 급식운동 주체들이 조직되어 활약하고 있으며 이 시민사회단체들은 다시 전국 단위에서 연대하여 '친환경무상급식풀뿌리 국민연대'라는 이름으로 활동하고 있다.
** 「학교급식법」제5조 제4항에는 "특별자치도지사·시장·군수·자치구의 구청장은 우수한 식자재 공급 등 학교급식을 지원하기 위하여 그 소속하에 학교급식지원센터를 설치·운영할 수 있다"라고 명시돼 있다. 내가 있는 경기도 안양시의 경우 안양군포의왕과천공동급식지원센터가 운영되고 있다. 2006년부터 급식운동 시민단체인

또한 국가 식량 자급률(사료를 포함한 곡물 자급률) 하락에 대한 위기의식을 전국에 일깨웠다. 사료를 제외한 식량 자급률도 1966년 100%에서 불과 50여 년 만인 2020년에는 45.8%로 곤두박질쳤으며 사료를 포함하면 19%밖에 되지 않는다. 이는 쉽게 표현하자면 일반적으로 외식을 할 경우 평균 5분의 4 이상이 수입 식재료로 이루어진 음식을 먹을 수밖에 없다는 것을 뜻한다. 더욱이 지역 분쟁 등으로 인해 국제 곡물 등 식품 가격이 급등하면 우리나라와 같은 식량 자급률이 낮은 국가는 식량 위기를 맞이할 수 있으며, 이는 식량 안보 문제로 확대될 수 있다. 그러므로 학교급식운동의 한 축에는 식량 자급률을 높이는 문제가 놓여 있었다. 친환경 농산물의 가치는 자연환경을 보존하고 인간을 넘어 모든 생명을 존중하며 지속 가능한 사회를 만들기 위한 대안적 삶을 지향한다는 데 있다. 그러므로 생산 과정에서의 친환경적 작목 방식뿐만 아니라 유통과 판매 등 소비에 이르기까지 환경 친화적인 방식을 고민해야 한다. 그런 면에서 수입 유기 농산물의 유입에 대해 깊이 재고해야 한다. 고에너지를 소모하면서까지 유

'안양시친환경급식시민행동'이 친환경 학교급식비 지원과 학교급식지원센터를 설립하기 위하여 안양시장과 공무원들을 압박하고 소통하는 등 치열한 투쟁을 전개하였다. 2012년 당시 최대호 시장은 갑작스럽게 군포시와 의왕시까지 연합하여 공동급식지원센터로 설립한다는 계획을 언론에 밝혔다. 그 이후 센터 설립 추진이 비교적 빠르게 진척되어 2013년 5월 문을 열어 활동을 개시하여 2023년 5월 창립 10주년을 맞이하였다. 2021년에 과천시까지 합류하여 현재 4개 시가 연합해 있는 안양군포의왕과천공동급식지원센터가 만들어졌다.

기 농산물을 소비해야 하는지에 대한 성찰이 필요하다.

정부는 친환경 농산물 정책의 초점을 오로지 농업 소득 향상에 맞추고 있는 듯하다. 물론 계속 하락하는 농가 소득으로는 농촌 사회, 특히 소농 가족의 생활을 유지하기 어렵다. 그렇다고 단순히 이러한 위기 탈출의 도구로서 친환경 농업을 육성하는 것은 아닌지 모르겠다. 농업 정책에서 사용하는 주요 개념 중 하나로 농업 경영이라는 경제 용어가 사용되고, 정책 방향도 농업의 전문화, 규모화, 시설화에 집중되어 있다. 또 소득 불안정에 대한 대책 마련에 고심하고 있으며 농가의 소득 변동에 따른 평균적인 소득 보전을 하기에 급급한 실정이다.

인간이 건강한 삶을 영위하기 위해 기본적으로 취해야 하는 것은 분명히 깨끗한 먹거리이며 이것은 모두 자연으로부터 얻는다. 그러나 오늘날 인간은 자연과 전혀 관계가 없는 것처럼 자연의 변화와 힘에 무관심하고 무감각하다. 자연의 숨소리를 느낄 줄 모르고 생명의 신비함을 '과학'이라 일컬으며 대상화하기에 급급하다. 눈(시력)은 점점 흐려지고 귀도 온갖 소음으로 둔감해진 지 오래다.

먹거리와 관련해서는 '식맹'이라는 말이 있다. 말 그대로 음식에 관한 문맹, 무지를 뜻하기도 하고 또 다른 의미로 미맹을 포함하여 맛에 대한 무감각과 몰개성을 이르는 말로 쓰이기도 한다. 현대인 가운데는 이러한 식맹자가 매우 많다. 자연의 맛, 식품 고유의 참맛을 느낄 줄 모른다. 이는 잦은 외식으로 인하여 양념이나 첨가물로 포장된 맛을 자주 접하기 때문이다. 그 양념이란 바로 설탕과 소금, 화학조미료 등 식품 첨가물이다.

미국의 환경운동가이자 여성운동가인 헬렌 니어링이 쓴 《소박한 밥상》이라는 책을 보면 음식을 조리할 때 천연의 맛을 느끼기 위하여 소금을 포함한 양념을 일체 사용하지 않는다. 소금조차 사용하지 않는다는 것은 조금 극단적이지만 참고할 만한 사례이다.

학교급식이 아이들을 식맹으로부터 벗어나도록 도와줄 수 있지 않을까. 학교급식은 3세 유아부터 19세 고등학생까지 우리나라의 모든 어린이, 청소년들이 17년간 학교 교육과정과 함께 경험하게 된다.* 학생들이 매일 접하는 학교급식을 통해 '삶'의 가장 기본 생활 중 하나인 먹거리에 대한 '앎'을 확장해 나가는 것은 매우 효과적이며 의미 있는 일이다. 학교급식을 통하여 자연을 거스르지 않고 정직하게 만들어진 식재료를 가지고 단순하고 소박하며, 정갈하게 조리한 음식 맛을 음미하며 먹는 것을 경험한다면 충분히 자연의 맛을 느낄 수 있을 것이다.

좀 더디지만 서서히 둔화된 미각이 예민해지고 올바른 식생활을 몸에 익힌다면 지금까지 우려했던 아이들의 몸과 마음의 건강, 질병에 대한 걱정을 조금 덜어 낼 수 있을 것이다. 이렇듯 학교급식을 이용한 참교육이 이루어지기 위해서 전제되어야 하는 것이 친환경 급식이다.

---

* 2021년 「학교급식법」 개정으로 유치원아가 학교급식 대상으로 편입되었다.

가정과 사회의 격차를 완화하는 학교급식

오늘날 한국인의 식생활 행태를 살펴보면 외식 비중 확대, 건강에 대한 관심이 증가하는 경향, 맛의 지향(고급품, 기호식품 소비 증가), 간편화 추구, 다양성 확대, 전문성 지향(전문 음식점 선호), 동물성 식품 및 지방 섭취 증가, 계층별 영양 섭취 격차 심화, 불규칙한 식생활, 가사 담당자의 정보 활용도 증가 등을 특징으로 들수 있다. 이러한 식생활 변화에 따라 발생하는 문제를 해결하기 위한 방안의 하나로 친환경 학교급식은 더욱 철저히 실천해야 할 과제이다.

친환경 급식은 식재료를 친환경 농축산물과 국내산(친환경) 식재료로 만든 기본적인 가공식품만을 이용하여 조리하는 것으로 정의할 수 있다. 요즘은 친환경 농산물에 대한 학부모 인식이 예전보다 많이 높아졌다. 일정 부분은 학교급식 개선 운동의 성과라 하겠다. 그러나 친환경 학교급식은 학교 급에 따라 실천하는 비율이 많이 다르다. 왜냐하면 주어진 예산에 비해 상대적으로 섭취량이 많은 중·고등학교에서는 일반 식재료보다 가격이 비싼 친환경 농산물이나 무항생제 축산물 등을 사용하기 어렵기 때문이다. 또 일반적으로 초등학교 학생들은 동물성 단백질을 공급하는 육류를 매우 좋아한다. 이러한 편식 현상은 중·고등학교에서도 이어진다. 육류는 학부모들도 매우 선망하는 식품이기도 하다.

보건복지부가 배포한 〈2020 한국인 영양소 섭취기준〉에 의하면 점심 한 끼의 단백질 섭취 기준량이 초등학교 저학년의 경우 남학생과 여학생 모두 11.7g, 고학년은 남학생 20g, 여학생 18.3g이다. 이를 기준으로 할 때 현재 일반적으로 초등학교 학교급식에서 제공해야 하는 단백질량은 평균 16.7g 정도이다. 그러나 실제로는 거의 모든 학교가 이 값의 1.5~2배 이상을 공급하고 있다. 단백질 공급량은 열량의 7~20% 범위 안에서 제공하여야 하며 보통 13g(10.3%)~25g(17%) 정도 제공하고 있다. 학교급식에서 제공되는 단백질(육류)의 양이 적지 않다는 말이다.

15년 전인 〈2005년도 국민건강영양조사〉에서 우리나라 국민의 영양 문제로 단백질 과잉 섭취(권장량의 169% 섭취)가 지적됐다. 그리고 앞서 언급한 2020년에 발표된 한국인 영양소 섭취 현황에서는 '단백질 섭취는 전 연령층에 걸쳐 결핍이 우려되지 않는다'라고 표현한 것이 눈에 띈다. 결핍이 우려되지 않는다는 것은 바꿔 말해 과잉이 우려된다고 표현할 수도 있다.

이렇듯 우리나라 사람들의 단백질 섭취량은 충분하다. 오히려 너무 많이 먹는 것에 주의를 기울여야 할 부분임에도 불구하고 학생이나 학부모 혹은 교직원 중에는 육류의 제공량이 부족하여 학교급식의 질이 낮다고 평가하는 경우가 많다. 이것이 친환경 급식을 추진하는 데 가장 어려운 점 중 하나다.

학교급식의 질적 평가 부분이 올바르지 못할 때 실무자와 운영자(학교장)는 매우 혼란스럽고 당황스럽다. 영양 기준량과 식품 안전, 식품 위생, 식품 행정에 대한 이해가 필요한 부분이다. 식단을 구성하고 식품을 구매하여 조리 과정을 거쳐 최종 산물을 급식으로 제공하는 급식 실무의 주체인 영양 교사, 조리사에게 '맛없다'라는 말은 사기를 떨어뜨리는 가장 큰 요인이 된다. 음식을 먹는 사람으로서 식사에 대한 평가는 당연히 할 수 있다. 그러나 '주관적으로 느끼는 맛'을 객관화, 일반화함으로써 결과적으로 친환경 급식에 부정적인 평가를 내리는 도구로 사용된다면 친환경 급식을 실천하는 영양 교사에게는 커다란 부담이 된다. 그러므로 친환경 급식을 추진하기에 앞서 학생, 학부모, 교직원의 급식 지도, 영양교육 나아가 환경교육이 반드시 필요하다.

중·고등학교의 경우 앞서 언급한 것처럼 급식의 양이 문제가 된다. 청소년기는 성인보다 많은 양의 음식을 섭취해야 하는데 일반적으로 급식비는 낮게 책정되어 있기 때문에 상대적으로 값이 비싼 육류나 친환경 식재료를 사용하는 데 한계가 있다. 친환경 급식을 실시하기 위해서는 급식 예산을 현실화하는 것이 큰 과제다.

친환경 학교급식을 위한 과제들

친환경 급식을 추진하는 데 걸림돌이 되고 있는 영양 섭취량에 대한 이해 부족은 대상에 따른 지속적인 영양교육으로 인식이 전환된다면 큰 어려움은 없을 것이다. 예산 문제 역시 지역마다 차이가 있지만, 각 지자체별로 학교급식 지원책이 마련되어 진행되고 있으므로 예산에 대한 어려움은 점차 줄어들 것으로 기대한다.

그보다는 당장 친환경 식재료를 조달하는 데 발생하는 문제 두 가지와 대안을 제시하는 것으로 글을 마무리하려고 한다.

첫째, 생산 품목과 생산량이 제한적이어서 수요와 공급이 원활하지 못하다. 아직까지 우리나라 친환경 농산물과 그 가공식품의 양적 토대가 미약하기 때문에 발생하는 문제이다. 현재 친환경 농업에 있어서 수요가 생산보다 적어서 애써 지은 친환경 농산물이 일반 농산물 시세로 덤핑되는 안타까운 일도 발생한다. 친환경 농산물은 계획(예측)된 수요를 넘지 않는 범위 안에서 계획적으로 생산되어야 한다. 학교급식은 이러한 계획적인 생산 체계가 충분히 가능하므로 친환경 학교급식을 확대·지속하기 위해서는 친환경 농업 생산자, 영양 교사, 학교장, 급식 행정과 농업 관련 공무원 등 국민 모두가 관심을 기울여 생산 품목과 생산량을 증가시키고 계획적이고 효율적으로 분배하기 위해 노력해야 한다.

둘째, 일반 시장에서 친환경 식재료를 구매할 경우 검수하는 데 한계가 있다. 친환경 농산물 인증 제도가 정착되었으나 여전히 유통상의 어려움이 내재되어 있다.* 친환경 농산물을 구입하는

---

* 예를 들어 경기도 안양시와 인접한 군포시에서 생산한 친환경 오이는 경기도 광주시에 있는 물류 센터로 35km를 이동하여 취합됐다가 다시 30여km 이동하여 안

경우 일반적으로 4~6단계의 유통 과정을 거치게 된다. 이 과정에 친환경 인증 표시 위·변조, 일반 농산물 혼입 등의 가능성이 잠재되어 있다. 단계와 과정이 많고 복잡하기 때문에 생산자나 유통업자가 때로는 의도하지 않았음에도 불구하고 결과적으로 '사건·사고'를 일으킬 수 있다. 선량한 생산자나 유통업자의 경우 또 다른 피해자가 될 수도 있는 것이다.

학교급식이 학생 건강, 국민 복지, 지역 및 농촌 경제 기여, 자연환경 회복, 궁극적으로 지속 가능한 사회를 구현하기 위해 부여된 사회적 역할과 의미를 실천하려면 구매 방식의 근본적인 변화가 있어야 한다. 즉 지역의 생산물을 발굴하여 사용하고 새롭게 육성하여 지역 학교에 납품하는 계획 경제 시스템이 필요하다. 생산자와 소비자를 연계하는 소비자생활협동조합 방식을 넘어, 영양 교사가 학교의 식단 계획을 짤 때 학교급식용 농산물 생산자의 작부 계획과 연동해 함께 수립한다면 어떨까. 식재료 생산은 물론 분배·유통 방식 및 구매 방식의 친환경화가 요구된다.

내가 친환경 학교급식 운동에 한창 열중할 때, 늘 주장하던 바가 있다.

양에 있는 학교로 납품된다. 즉 군포에서 안양으로 10~20km만 이동하면 될 것을 65km 이상 이동하는 것이다. 물론 이렇게 이동 거리만 단순 계산하는 것은 물류 구조를 고려하지 않은 것이지만, 절대 거리를 축소하고자 연구하고 노력하는 것은 기후 위기 시대를 살아가는 기후 시민으로서 당연한 책무다.

"친환경 학교급식을 실천하기 위해서 단순히 식재료만 친환경 먹거리로 바꾸면 되는가?"

급식 시스템을 통째로 환경 친화적인 방식으로 바꾸지 않고서 친환경 급식을 한다는 것은 반쪽짜리 친환경 급식, 아니 어쩌면 반환경적 시스템이 될 수도 있을 것이라는 염려였다.

친환경 학교급식 운동을 시작한 지 약 20년의 세월이 흘렀다. 이제 다시 친환경 학교급식의 본질적 의미를 톺아보고 학교급식의 현안과 그 해결 방안, 실천적 대안을 함께 찾았으면 좋겠다.

학교가 편의점 음식을
카피하다

달라진 상차림

사람은 보통 하루에 세 끼의 식사를 한다. 아침에 일어나면 비교적 가벼운 식사를 한다. 바깥 생활을 하기 위해서, 예전에는 점심 도시락을 준비하느라 아침 시간이 몹시 분주했다. 학생은 물론 직장인들도 도시락을 챙기는 것이 일상이었다. 도시락 반찬은 김치와 마른반찬 한두 가지가 전부다. 고기반찬은 좀 무거운 느낌이고 생선은 식으면 냄새를 심하게 풍기기 때문에 도시락 반찬으로 적당하지 않았다. 점심을 매식하는 경우는 동료들과의 회식을 위해 작정을 하고 식당을 찾아 나서는 경우로 아주 가끔 있는 일이었다.

한식은 밥과 국, 반찬과 김치로 구성되어 있다. 쌀로 지은 밥의 특징은 아무 맛이 없다는 것이다. 그래서 밥은 다양한 맛의 음식과 무난히 잘 어울리므로 반찬을 골고루 섭취하는 데 좋은 조건이 된다. 매일 먹는 식사는 화려하지 않고 무겁지 않고 맛이 진하지 않다.

화려한 밥상이란 반찬 가짓수가 많은 것을 말하고 무겁다는 것은 영양 과잉의 다른 말이며 맛이 진하다는 것은 단맛, 짠맛, 신맛, 쓴맛, 감칠맛, 매운맛, 떫은맛의 정도가 강하다는 의미라 하자. 이 중에서 매운맛과 떫은맛은 혀의 통각을 자극하는 맛이라 하여 앞의 다섯 가지 맛과 구분하기도 한다.

매일 먹는 밥은 질리지 않아야 한다. 영양을 생각해서 잡곡밥 한 공기에 된장국과 김치 몇 조각, 나물 한 접시, 조금 욕심내자면 나물의 종류를 생채와 숙채로 두 가지 준비하면 좋을 것이다. 그리고 적은 양을 먹어도 되는 짭짤한 고기 장조림이나 뿌리채소 장조림, 아니면 생선조림이나 구이 정도를 하나 보태면 훌륭한 한 상 차림이 될 것이다. 예를 들어 잡곡밥, 시금치된장국, 숙주나물, 가자미구이, 배추김치 정도다. 여기에 과일 한 조각이나 요구르트 한 병을 곁들이면 점심 한 끼 식사로 구색을 갖춘 모양새다. 학교 급식은 이러한 소박한 밥상을 차린다. 소박한 밥상이 건강에 이롭기 때문이다.

그러나 요즘은 가정에서도 이러한 구성을 찾아보기가 어렵다. 나이가 많이 든 노인이 있는 가정도 노인의 입맛에 맞춘 상차림 이라기보다는 젊은 사람 또는 상차림을 맡은 사람의 입맛대로 차 리는 것이 일반적일 것이다. 입맛이 까다로운 노인이나 노인을 극 진히 우대하는 효성 많은 손아랫사람이 있는 경우는 특별히 전통 적인 상차림 모습이 나타나지만, 핵가족 시대를 넘어 1인 가구가 많아지고 있는 시대적 상황에서 전통적인 밥상의 모습은 사라진 지 오래다.

편의점 메뉴가 학교 식당에 등장하다

밥상의 내용과 모양이 시대 흐름에 따라 변하는 것은 어쩌면 당연하다. 문제는 먹거리의 형태가 바뀌면서 그 내용도 매우 달라 졌다는 데 있다. 전통적인 밥과 국, 김치의 구성보다는 밥과 국이 더해진, 덮밥 소스를 끼얹어 비벼 먹는 한 그릇 음식(일품요리)의 비중이 매우 높아졌다. 학교급식으로도 원래 한 달에 한두 번 정 도 제공하던 한 그릇 음식이 일주일에 한 번 정도로 늘어났다. 이 러한 식생활이 습관화되어 이젠 일주일에 한 번을 넘어 더 자주 제공하고 있다. 대부분의 아이들이 좋아하기 때문이다.

그러나 덮밥과 같은 한 그릇 음식은 미각의 발달에 별로 도움 이 되지 않는다. 많은 식재료가 혼합되어 여러 가지 영양소를 골고루 섭취한다는 것이 장점일 수 있으나 한편으로는 다양한 식재료가 달고 짠 소스에 범벅이 되어 위에서 언급한 단맛, 짠맛, 신맛, 쓴맛, 감칠맛, 매운맛, 떫은맛을 민감하게 구별하지 못하게 하므로 먹다 보면 음식 또는 식품 맛에 둔감해질 수 있기 때문이다.

전통 음식이란 한 사회가 100년이 넘도록 이어져 오며 그 이로움이 충분히 검증된 음식을 말한다. 민족주의에 바탕을 둔 정체성은 자칫 차별주의를 낳을 위험이 있어 경계해야 마땅하지만 전통 음식은 나름대로 고유문화로서 가치가 있기 때문에 우리 사회가 지키고 가꾸어야 할 필요가 있다. 학교급식 식단 구성의 제일 원칙이 전통 식문화의 계승·발전인 이유일 것이다. 그런데 현재 학교급식은 이 원칙을 잘 지키고 있는가.

전통적이고 평범하며 소박한 상차림을 제공하면 먹는 이들의 편식으로 인해 음식물 쓰레기가 너무 많이 발생하는 것이 현실이다. 그리고 설문 조사나 학생자치회를 통해 제안하는 식단은 엉뚱하기 짝이 없는 음식들이다. 예를 들면 치킨마요덮밥, 삼각김밥, 바비큐폭립, 마라탕, 랍스터(구이), 아이스크림, 스테이크, 스파게티, 떡볶이……. 심지어 라면을 끓여 달라는 학생도 점점 많아진다. 대부분 인근 편의점에서 쉽게 접할 수 있는 음식들이다. 아이들도 학교급식으로 적당한 음식이 아님을 어느 정도는 알면서도 장난 삼아 그냥 마구 쏟아 내는 듯하다. 그런데 학교급식 담당자 입장에서는 이러한 의견을 가볍게만 받아들일 수는 없다.

영양 교사가 식단 구성의 원칙을 준수하지 못하는 여러 요인 중 하나로 주변의 많은 학교가 앞을 다투어 편의점 음식을 따라하는 현실이 있다. 안타깝게도 좋은 식재료에 각종 첨가물이 혼합된 소스를 범벅하여 내놓는다. 이러한 음식이 밥상에 오르면 배추김치 대신 오이피클이 어울리게 되고 떡 대신에 모닝빵이나 바게트빵이 밥상을 차지하게 된다. 이런 현상이 자주 반복되면 우리나라 전통 음식은 밀려나고 더 자주 대체되어 마침내 전통 음식을 낯설어하고 기피하는 상황이 되지 않을까 염려된다.

편의점에서 판매하고 있는 대부분의 즉석 음식은 식품 원료가 거의 수입 식재료인 데다 GMO나 식품 첨가물로부터 안전하지 못할 위험이 있다. 그럼에도 불구하고 나 또한 고심 끝에 국내산 무항생제 닭고기, 유정란으로 만든 국산 친환경 마요네즈, 지주식 재래 방식으로 재배한 유기농 구이김 등을 사용하여 치킨마요덮밥을 흉내 내 보았다. 음식 이름은 닭살마요네즈덮밥이라고 명명하였다.

결과는 매우 성공적이었다. 학생들이 아주 맛이 있다고 평가했다. 전교생 아니 교직원들에게도 폭발적인 인기가 있었다. 조리 종사자들도 편의점 음식보다 훨씬 좋은 맛을 냈다고 만족해했다. 음식물 쓰레기도 평소의 반밖에 나오지 않았다. 식재료를 좋은 것*

---

* 가평군 무농약쌀, 국내산 무항생제 닭고기, 국내산 유정란과 미강유와 양조 식초로 만든 친환경 마요네즈, 지주식으로 재배한 재래 김에 국산 참기름을 발라 구운

으로 사용하여 그나마 안심이 되었지만 편의점 음식이 학교급식 깊숙이 들어오는 순간이기도 했다. 이제 우리 학교급식에서 닭살마요네즈덮밥은 두 달에 한 번 정도 제공하는 단골 음식이 되었다. 영양 교사가 학생들이 좋아하는 편의점 음식의 맛을 응용하기 위해 더욱 좋은 식재료를 발굴하고 실험·연구하는 시대가 되었다.

인스턴트에서 밀키트까지, 가공식품 시장은 어디까지

아이들은 과일 조각도 별로 반기지 않는다. 이로 씹기가 귀찮기 때문이다. 과일에 따라 다르지만, 예를 들어 사과는 10년 전만 해도 1인당 60g 정도를 주어도 버리는 것 없이 달게 먹었다면 지금은 30g을 주어도 남겨서 버리기 일쑤다. 또 유기농 식혜같은 전통 음료보다 요구르트나 주스, 푸딩 등을 제공해야 더 잘 먹는다.

요즘은 1인 가구가 많아지고 가정에서 조리할 때에도 편리성에 우선하며 여행할 때도 간편하게 조리할 수 있는 인스턴트 가공식품 시장이 커지고 있다. 이미 혼자 생활하는 데 익숙한 사람들이

유기농 구이김, 국산 친환경 볶은 소금, 국산 친환경 미강유, 공정 무역 후춧가루 등 모든 식재료를 비교적 질이 좋고 신선한 품질의 것으로 사용했다.

나 몹시 바쁜 사람에게 배달 음식이나 밀키트* 구성물은 고맙기까지 하다. 바쁜 일상을 피할 수 없는 상황이라면, 밀키트는 조리를 간편하게 해 준다는 점이 가장 매력적이다. 거기다 다양하기까지 하니 충분히 빠져들 수 있다. 사람들은, 혼자 생활하면 최소 단위의 식재료를 구입한다 해도 남아서 버리게 되는 일이 발생하므로, 그렇게 하는 것을 합리적이지 않다고 생각하게 되었다. 그러한 비합리와 불편함에서 벗어나 편리성과 합리성을 동시에 추구하는 것이 밀키트의 특성과 맞아떨어졌다.

밀키트와 기존 인스턴트식품 등과의 차이는 완제품이냐 아니냐일 것이다. 즉 밀키트는 조리 레시피가 삽입되어 있고, 조리에 필요한 모든 식재료가 각각 정밀하게 계량되어 담겨 있는 것을 소비자가 직접 만들어 먹는 것이다. 그러나 쉽게 썩지 않는 플라스틱과 비닐 포장 쓰레기가 너무 많이 나오는 것이 매우 큰 문제다.

가공식품의 대표 격이라 할 수 있는 햄이나 소시지, 소스류 등을 포함한 일반 가공식품의 유통 기한(소비 기한)**을 보면 기본이

---

* meal(식사), kit(묶음)의 합성어이다. 밀키트 배달 사업은 2007년 스웨덴에서 처음 시작되었고, 미국에서는 2012년에 처음 도입되어 이후 허쉬, 캠벨, 홀푸드, 아마존 등 대형 식품 업체와 유통 업체가 뒤따라 시장에 진출했다.
** 유통 기한 표시 방식이 안전성 측면에서는 장점이 있지만 사용할 수 있는 식품을 폐기하도록 유도한다는 점에서 문제라는 지적이 일자, 보건복지부는 2012년 7월부터 판매할 수 있는 유통 기한과 먹어도 안전하다고 판단되는 소비 기한을 나눠 표기하였다. 그러다가 2023년 1월 1일부터는 우유 및 유가공품을 제외한 모든 식품의

6개월에서 1년이다. 긴 것은 5년, 10년간 유통할 수 있다고 표기되어 있기도 하다. 아무리 무균 처리하고 진공 포장을 했다고 해도 몇십 년을 보관해 두고 먹을 수 있는 식품이 우리 몸에 얼마나 이로울까 하는 의심을 하지 않을 수 없다. 심지어 어떤 것은 '비살균'으로 표기돼 있기도 하다. 살균 처리를 하지 않고 방부제나 보존제 등 식품 첨가물을 사용한다는 얘기다. 원료는 원가를 절감하기 위해서 대개 수입 원료 또는 아직까지 논란이 있는 GMO 등을 사용한다. 즉 가공식품은 농약과 화학 비료, 식품 첨가물 등 여러 가지 문제가 얽혀 있다. 그런데도 인터넷의 상품 홍보 정보를 보면 가공식품의 문제점에 대한 언급은 거의 없고, 영양 많고 맛이 좋고, 조리가 간편하며 보기에도 좋다는 칭송만이 무성하다.

자연 식품(생물)을 날것으로 씻고 썰어서 포장하거나 반조리 또는 완전히 익힌 상태로 만들어서 유통한다는 것은, 온갖 기술의 발달*에도 불구하고 얼마나 반자연적이고 인위적인 폭력을 가한 결과인지, 생산 과정에 참여하는 사람이 아닌 일반 소비자는 상상도 할 수 없을 것이다.

흔한 말로 '먹을 것 가지고 장난치지 말라'고 한다. 그것은 '식

표기 기준이 소비 기한으로 바뀌었다.
* 급속 냉동·건조 기술, 포장 기술, 냉장 유통 시스템 등 식품 가공에 투입되는 기술에는 고도의 에너지가 필요하고 각종 포장재 폐기물은 고스란히 자연, 지구를 오염시키는 폐기물이 된다.

품 사기범' 같은 범죄자에게만 해당하는 말이 아니다. 식품을 가공하면서 증량제나 증점제, 색소 등을 사용하여 천연 식품의 맛을 과하게 증폭시키거나 색상을 인위적으로 짙게 만든다거나 하는 것은 넓은 의미에서 음식의 본질적 속성을 넘어 음식을 이윤추구 수단으로 삼기 위한 장난질일지도 모른다.

아이들 입맛이
바뀌고 있다

30년 전 아이들의 입맛은 어른들과 뚜렷이 구별되지 않았다. 아니 더 오래전 내가 어렸을 적에 아이들은 김치를 찬물에 씻어서 밥 위에 얹어 주면 잘 먹었다. 이유식으로 미음을 쑤어 먹이는 것 외에는 딱히 아이들 음식이 따로 있지 않았던 것으로 기억한다.

예전 학교급식 식단도 특별할 것 없는 소박한 밥상이었다. 된장국을 좋아하고 김치를 잘 먹었으며 여러 가지 나물도 익숙하게 먹었다. 고기반찬 먹는 것을 오히려 어려워하는 아이들도 많았다. 1989년 겨울 즈음, 농촌 지역에 근무하면서 카레밥을 제공했던 일을 잊지 못한다. 돼지고기와 각종 채소들을 볶고 카레 가루를 풀어서 만든 카레 소스를 밥 위에 끼얹어 주었는데, 카레의 독특한 향을 처음 접한 학생들이 음식을 제대로 먹지 못하고 밥과 김치로만 배를 채웠던 것이다. 온갖 식재료가 골고루 들어간 카레 소스가 그대로 버려졌다. 그날은 카레 소스가 주 음식이었는데 말이다.

안타까운 마음에 조금만 먹어 보아 달라고 애원을 했던 기억이 아직도 생생하다. 일종의 문화 지체 현상이었을 것이다. 농촌 지역에서는 TV 광고에 대한 노출도 많지 않았지만, 어쩌다 카레 광고를 접했더라도 실제로 경험해 보는 경우는 많지 않았기 때문이다. 그러나 새로운 음식을 한번 맛본 학생들이 두 번째 맛있게 먹는 모습을 보면 무척 기뻤다. 제공 횟수가 늘어날 때마다 아이들이 먹는 양도 비례하여 늘어났다. 그 음식 맛에 익숙해졌기 때문이다.

당시 아이들이 가장 좋아하는 음식 중 하나로 짜장밥이 있었다. 내가 어릴 적에는 새 학교에 입학하는 날이나 졸업식 하는 날 즉 1년에 한두 번 아니 몇 년에 한 번 맛볼까 말까 하는 음식이 짜장면이었다. 이사를 하거나 늦가을에 동네 아주머니들이 모여서 김장을 담그는 날도 짜장면 잔치를 했던 것 같다. 어쨌든 아이들에게 차순위 정도로 밀려나 있는 음식은 아니었다. 대부분의 아이들에게 가장 먹고 싶은 음식 중 하나가 짜장면이었다. 학교급식은 많은 양의 음식을 2~3시간이라는 비교적 짧은 시간 안에 준비하여 그보다 더 짧은 시간 동안에 학생들에게 모두 제공해야 하기 때문에 면 종류의 음식을 준비하는 데는 한계가 많다. 면은 삶아서 곧바로 먹어야 하는데 몇백 명 혹은 천 명이 넘는 학생에게 동시에 쫄깃한 면류의 음식을 제공하기는 어렵다. 그래서 응용한 음식이 밥에 짜장 소스를 얹어서 비벼 먹는 짜장밥이다. 면을 좋아하는 사람들에게는 조금 서운하겠지만, 짜장면보다 짜장밥이 생리학적인 면에서 우월하다. 일반적으로 밥(쌀)이 면(밀가루)보다 소화가 잘되기 때문이다. 여러 가지 채소를 볶아서 짜장 소스로 버무리기 때문에 식품 고유의 맛을 느끼기에는 아쉬움이 있지만, 학생들이 기피하는 채소를 공급하는 데는 짜장밥이 맞춤하다. 그런데 이렇게 인기 있던 짜장밥인데 요즘 아이들은 예전보다는 잘 먹지 않는다. 아주 싫어하는 기색은 보이지 않지만 그래도 아이들 입맛이 변했다는 것을 보여 주는 일례가 된다. 학생들은 상대적으로 짜장밥보다는 닭살마요네즈덮밥과 같은 기름진 음식이나 파스타 또는 리조또를 좋아하고, 삼계탕보다는 튀긴 닭고기를 좋아하며, 소고깃국이나 소불고기보다는 채소가 거의 들어가지 않은 스테이크를 원한다.

많은 의사나 영양학자들은 만병의 근원 또는 많은 질병의 시작이 '소화 불량'이라고 한다. 그도 그럴 것이 음식물을 섭취하면 소화가 완전히 되어야 음식물 속에 들어 있는 각종 영양소가 우리 몸속에 올바로 흡수되고 그 기능을 수행할 수 있기 때문이다. 육류를 소화·흡수하는 데는 채소가 가진 비타민과 미네랄, 섬유

소가 꼭 필요하다.

요즘 식품을 가공하는 과학 기술과 식품 산업에 많은 변화가 일어나 생산과 유통, 소비 구조가 매우 복잡해졌다. 식품 수출입이 과거보다 자유로워짐에 따라 식품의 이동 거리가 지구 반 바퀴를 돌아올 만큼 늘어나고 유통 기한(소비 기한)을 한없이 늘림에 따라 진짜 식품과 가짜 식품을 구별하는 것조차 무척 어려워졌다. 가공식품을 '가짜'라고 명명하는 이유는 천연 식재료를 가공하여 오랫동안 보존하고 '맛'을 내려면 여러 가지 다양한 첨가물이 혼합돼야 하기 때문이다. 지금까지 세계적으로 개발되어 유통되고 있는 식품 첨가물은 천연 물질과 합성 물질을 포함하여 3,000여 가지에 이르고 우리나라에서도 현재 620종이 생산, 유통되고 있다. 그리고 과거에 안전하다고 사용되던 물질도 독성이 나타나 사용 금지가 되는 일도 많이 있다.

식품 첨가물이 들어가서 맛과 향, 색, 식감 등을 내는 가공식품은 우리나라에서 전통적으로 식품을 오래 보관하기 위해 만들어 먹었던 염장 식품(장아찌류), 당장 식품(잼류), 발효 식품(장류), 마른 식품(건나물이나 건어물 등)의 저장 식품과는 다르다. 전통 방식의 저장 식품을 제조하는 데는 식품 첨가물이라 해야 소금과 설탕 정도만 사용되기 때문이다.*

그러나 식품 기업들은 앞을 다투며 끊임없이 새로운 가공식품

---

* 식품을 가공할 때 사용하는 소금과 설탕도 식품 첨가물로 분류한다.

을 만들어 아이들의 입맛을 공략하고 식탁을 점령하려 한다. 아이들은 미래의 고객, 잠재적 소비자이기 때문이다. 이제 가공식품은 우리의 상상을 초월할 만큼 많아졌다. 공법도 그냥 가공식품이 아니라 초가공식품이라 해야 할 지경으로 복잡해졌다.

영양 교사의 딜레마

우리나라 전통 음식의 바탕이 되는 장류가 자국인에 의해 공장에서 생산되기 시작한 지는 100년이 채 되지 않는다.* 그 전에는 각 가정에서 간장, 고추장, 된장을 담가 먹었다. 그런데 지금은 많은 가정이 시장에서 상품화된 장류를 구입해서 먹는다. 판매 전략의 하나로 '전통', '시골'이라는 낱말을 접두어로 붙여 유통하고 있지만 공장에서 대량으로, 또 짧은 기간에 만든 것이 대부분이다. 당연히 가정에서 직접 담근 맛을 내는 데는 한계가 있다. 이렇듯 제조법에서부터 옛 방식과는 달라진 음식을 먹고 있는 것이 우리의 현실이다.

전통 장류의 변화를 시작으로 가공식품의 가짓수도 수없이 많

---

* 공장식 장류 제조는 1886년 부산에서 일본 사람이 운영했던 공장이 최초이며, 일제 강점기에 주로 일본인들에 의해 운영되었다. 해방 이후 일본인들이 운영하던 것을 이어받아 우리나라 사람이 운영한 것으로 알려진다.

이 생겨나고 있다. 가정에서 데워서 바로 먹을 수 있는 즉석 음식 또한 굉장히 많아졌다. 쌀밥부터 여러 가지 잡곡밥, 볶음밥, 나물밥에 이르기까지 다양한 밥류가 있다. 국의 경우 물만 부어서 끓이도록 국 재료만 포장된 것이 있는가 하면 완성된 국이나 찌개류를 포장하여 급속 냉동한 후 판매하는 상품도 쏟아져 나온 상황이다. 그 밖에 볶음, 구이 등의 반찬류까지 모든 종류의 음식들이 즉석 음식으로 시장에 전시되고 있다.

'혼밥', '혼술' 문화가 일반화된 사회에서 음식 산업은 호황을 맞은 듯하다. 또 과거에는 외국 유학 등 극히 제한적인 집단에서 경험하고 들여온 '이국의 레시피'가 해외여행의 영향으로 확산되고 점차 일반화되었다. 식품을 구매하는 시장도, 방식도 당연히 달라졌다. 과거에는 재래시장의 좌판에 수북이 쌓인 채소를 이리저리 살펴보고 고를 수 있었으나 지금은 재래시장이 점차 사라지고 있으며 대형 마트의 냉장고에 진공 포장되어 진열된 식품을 구입하기가 훨씬 쉬워졌다. 식품의 정보는 포장지에 깨알같이 적혀 있는 원산지 표시와 식품 첨가물 이름, 영양 정보, 제조사, 제조일자 정도다. 정보의 비대칭 현상, 아니 포장지에 적힌 내용을 제대로 해석하지 못한다면 아무런 정보 없이 식품을 구매해야 하는 지경에 이르는 것이다.

신자유주의에 의한 시장의 세계화 바람은 팔 수 있는 모든 것을 상품화하는 데 성공했다. 국경을 넘기 시작한 음식 문화는 퓨전 음식이라는 이름으로 한식과 외국 음식을 혼합한 국적 없는 음식을 유행시켰다. 김치파스타, 김치피자, 치즈떡볶이 등이 퓨전 음식의 예라고 하겠다. 요즘은 퓨전 음식보다는 외국 고유의 민속 음식을 '정통'이라 하여 판매하고 있다.

이러한 경향을 좇아 많은 학교에서는 '세계 음식의 날'을 운영하기도 한다. 세계 음식의 날을 운영하는 또 다른 이유는 도시에 따라, 특히 농촌 지역 학교에 결혼 이주 가정 자녀 또는 이주 노동자 자녀의 수가 점차 늘고 있기 때문에 이들을 배려하기 위함이다. 학교마다 유행처럼 외국 음식 이름을 그대로 붙여서 특별식으로 제공하고 있으나 그리 성공적이지는 않을 때가 많다. 아무래도 학교급식 현장에서 일하고 있는 영양 교사를 비롯한 조리사나 조리 실무사가 외국 레시피를 올바로 구현하여 맛을 내는 데는 한계가 있기 때문일 것이다. 이러한 틈을 타서 가공식품 업체들은 각종 완제품 소스를 판매하고 학교에서도 이미 만들어진 외국 음식용 소스를 그대로 사용한다.

일반적으로 이런 가공식품에 길들여지고 많은 자극을 받은 학생들 입맛은 달라졌으나 학교급식 식단의 구성 원칙은 변하지 않았다. 아니 원칙이란 쉽게 변해서는 안 되는 것이기도 하다. 그러다 보니 요즘 학생의 입맛과 학교급식 식단 사이가 점점 벌어지고 있다. 어떻게 하면 벌어진 간극을 좁히고 학생들에게 건강한 맛을 알게 할 것인가?

학부모도 아이들이 좋아하는 음식을 요구하는 경우가 점차 많아졌다. 학부모들의 논리는 아무리 건강한 음식이라도 아이들이 먹지 않으면 소용이 없다는 것이다. 식품 첨가물이 많이 들어간 가공식품이라도 우선 먹어야 하지 않겠냐며 그중에서도 아이들이 좋아하는 햄이나 소시지 같은 육가공품을 주라는 것이다.

사실 이 부분이 영양 교사에게 매우 큰 딜레마이다. 건강한 음식을 제공하면 음식물 쓰레기가 돼 버리는데 무슨 의미가 있을까? 심지어 아이들은 자신이 '맛이 없다고 느끼는 음식'을 '건강한 맛을 가진 음식'이라고 비아냥거리기도 한다. '가공식품이라도 주원료의 영양 가치가 있으면 소량 첨가된 식품 첨가물은 무시해도 되지 않을까?' '아이들이 좋아해서 잘 먹으면 음식물 쓰레기 걱정을 덜 수 있고 일석이조가 아닌가?' 날마다 이런 고민에 휩싸이게 된다.

편식 수정을 위해 노심초사하는 영양 교사에게 어떤 이들은 '크면 다 먹는다'라며 방관하는 말을 한다. 그러나 영양 교사로서 '크면 다 먹는다'는 말처럼 무책임하게 들리는 말이 없다. 음식이란 먹어 본 경험이 매우 중요하기 때문이다. 오죽하면 '고향의 맛', '추억의 맛'이라는 광고 카피가 있을까. 인스턴트 가공식품, 인공의 맛에 길들여진 아이들의 입맛과 자연 식품, 제철 식품으로 조리한 건강한 음식의 거리를 좁힐 수 있는 획기적인 조리 방법은 없을까?

아이들 건강에 빨간불이 켜지다

　지난 2021년 4월 보건복지부는 농림축산식품부, 식품의약품 안전처와 공동으로 건강하고 균형 잡힌 식생활 수칙을 제시하는 〈한국인을 위한 식생활지침〉을 발표하였다. 이것은 2016년 〈국민 공통 식생활지침〉 이후 5년 만의 발표였다.

　2014년 대비 2019년 통계에 의하면 성인 비만율과 아동·청 소년 비만율이 꾸준히 증가 추세에 있다. 아침 식사 결식률도 2014년에 24.1%이던 것이 2019년에는 31.3%로 10%p 가까이 증 가한 것을 볼 수 있다. 이어 코로나19를 지나오면서 배달 음식을 먹는 일이 잦아지고 운동량은 상대적으로 부족했던 것이 일반적 으로 건강이 나빠지는 원인으로 작용했을 가능성이 있다. 또한 국민 전반적으로 과일·채소 평균 섭취량이 감소 추세에 있고 나트 륨을 너무 많이 먹고 있으며 어린이 당류 과다 섭취 문제가 지속 되고 있다. 이에 만성 질환의 효율적인 예방을 위해 영양·식생활 개선이 필요하다고 공식 발표한 것이다. 정부는 2025년까지 나트 륨 일일 섭취량을 3,000mg(소금으로 7.5g) 이하로 감소하는 것을 목표로 한다고 하였다.*

　정부의 공식 발표뿐 아니라 초등학교에서 관찰하기에도 아이 들 건강 상태는 지속적으로 나빠지고 있다. 체격은 커졌으나 체

---

* 보건복지부·농림축산식품부·식품의약품안전처(2021), 〈한국인을 위한 식생활지침〉.

력은 약해졌다는 말이 보여 주듯 아이들 키와 몸무게 등의 수치는 과거 5년, 10년 전보다 향상되었다. 초등학교는 해마다 새 학년이 되면 건강에 주의할 필요가 있는 학생을 보살피기 위하여 문진표를 가지고 전학생과 신입생의 건강 실태를 조사한다. 특이 체질 등 특정 식품 알레르기나 아토피성 피부염, 비염, 천식 등의 환자 수가 해마다 늘고 있으며 소아 당뇨나 소아 비만을 앓고 있는 아이들도 나타난다. 과잉행동 장애로 진단받아 약물을 복용하고 있는 아이들도 해마다 조금씩 늘어나고 있다. 신체가 허약하거나 지병이 있는 경우도 많아졌지만, 정신적인 약함을 보이는 학생도 있다. 건강하게 뛰어 놀아야 할 어린 때에 이렇듯 아픈 아이들을 보는 것만으로도 마음이 아프다.

학생 심신의 건전한 발달을 도모하기 위해 운영하고 있는 학교 급식이 그 목적을 충실히 달성해 왔다면 아이들의 건강이 이토록 악화되지는 않았을지도 모른다. 전국의 모든 학교가 식단 구성의 원칙을 철저히 준수했다면 어땠을까.

아이들의 건강 악화에는 분명 어른들의 잘못이 있다. 일차적으로 부모와 학교 교사들에게 책임이 지워질 수밖에 없다. 건강을 위해 건강한 먹거리를 올바로 선택할 수 있도록 생태적 감수성과 자기 몸에 대한 민감성을 길러 주어야 했다. 체격만 커질 것이 아니라 체력도 단단하고 건강하게 성장하려면 어떤 먹거리를 어떻게 먹어야 하는지를 자세하게 알리고 실천할 수 있도록 돕는 것이 필요했다. 그런데 그렇게 하지 못한 것이다.

아니 오히려 생명 유지에 절대적인 조건인 먹거리를 그저 단순한 상품으로 인식하도록 내버려 뒀거나 그러한 왜곡된 인식 체계를 함께 공유했을지도 모른다. 음식의 본질적 속성이 다른 생명의 희생임을 성찰하지 못한 것, 음식이 오로지 돈벌이 수단의 상품으로 전락하는 것을 알아채지 못하고 무관심했던 탓도 있다. 이것은 자본주의 시스템에 물들어 살고 있는 모든 어른들의 책임이다. 편리하다는 이유로 몸에 좋은지 어떤지 따지지도 않고 가공식품을 남용하여 그 자극적인 맛에 아이들의 순수한 입맛이 뺏기도록 수수방관한 것은 아닌가.

기후 위기와
채식 급식

　지금부터 45년 전쯤, 내가 중·고등학생일 때 우리나라는 온대 지방이라고 배웠지만, 지금 전문가들은 우리나라 기후의 특성이 아열대 내지 열대 지방과도 같이 더워졌다고 말한다. 지구의 연평균 기온은 산업화 이전보다 1.1℃ 높아졌다. 이러한 지구 온난화는 기후 혼란을 가중시키고 있다. 우리의 감각으로도 확실히 한여름의 무더위와 한겨울의 독한 추위를 느끼기에 기후 변화를 실감하는 중이다. 여기저기에서 기후 위기, 기후 붕괴, 기후 불평등, 기후 정의 등을 이야기한다.

　기후 위기는 먹거리와도 밀접한 연관이 있기 때문에 그와 관련된 이야기를 빼놓을 수 없다. '기후 미식'이라는 말이 있다. 우리나라에서는 '베지닥터' 이의철이 처음 사용한 용어로, 그는 2022년 8월에 이를 제목으로 한 책을 내기도 하였다.* 기후 미식은 온실가스 배출을 최소화하면서 즐길 수 있는 음식, 지속 가능한 생태계를 염두에 둔 음식을 준비하고 접대하는 행동을 뜻한다고 설명하고 있다.

> 우리가 무엇을 먹을 것인지 결정하는 일은 음식을 먹는 사람들의 건강을 결정할 뿐만 아니라 삶의 터전인 지구의 모습까지 결정한다. 기후 위기가 심각한 수준에 이른 지금, '무엇을 먹을 것인가?'에 대한 고민은 '어떤 지구에서 살 것인가?'라는 고민과 불가분의 관계에 있다.**

기후 위기가 먹거리, 특히 육식을 위한 축산업과 관계가 밀접하다는 것이 입증되면서 동물성 단백질의 신화를 깨지 못하던 영양학계도 서서히 관심을 기울이고 있다. 그러나 영양학계의 관심은 여전히 식품업계의 뒷배가 되어 주는 데 그치고 있지 않은가 하는 합리적인 의심이 든다. 이에 대해 가장 빠르게 대처하는 분야 역시 식품업계이기 때문이다.

20세기 초 미국에서 콩 단백질을 이용한 콩고기가 개발됐으나 대체육(가짜 고기) 시장이 활성화되기 시작한 시기는 2020년대 들

---

* 이의철(2022), 《기후미식》, 위즈덤하우스.
** 이의철(2021), 《조금씩 천천히 자연식물식》, 니들북, 346쪽

어서이다. 현대인에게 만성 질병이 계속 증가하는 것과 기후 변화에 대한 위기의식이 높아지는 것에 연관이 있는 것으로 보인다.

현재 가공식품 산업에서는 식물성 단백질에 대한 연구가 무척 활발하다. 식물성 단백질로 만든 대체육으로 진짜 고기 맛과 식감을 구현하기 위한 것이다. 동물성 단백질에 대한 긍정적 견해가 확고*하던 영양학계가 식물성 단백질의 효능이나 동물성 단백질의 성인병 발병 가능성에 대해 언급하기 시작했다는 것은 기후 위기가 그만큼 절박하다는 것을 방증하는 것인지 모른다.

개인의 건강을 위해서든 기후 위기를 극복하고 지구를 지키기 위해서든 채식을 한다는 것은 고기 맛까지 넘어서는 것이어야 한다. 고기 특유의 맛을 포기하지 못하여 그 맛만을 쫓으면 '시장(기업)'은 기어코 가공의 맛, 인공의 고기 맛을 만들어 내고 소비자를 현혹할 것이다. 고기가 아닌 것에서 고기 맛을 낸다는 것은 근본적으로 잘못된 것 아닐까.

아마도 대체육을 가장 잘 적용할 수 있는 품목은 일반적으로 어린이, 청소년들이 가장 좋아하고 접근성이 높은 음식인 햄버거일 것이다. 바로 햄버거 속에 들어가는 패티다. 건강한 대체육의 실체는 무엇일까. 대체육을 만들기 위해서, 다시 말해서 고기가

---

* 1970년대~1980년대에 중·고등학교에서 가정 수업을 들었던 사람들은 하루 식사에서 필요한 단백질을 섭취하되 2/3는 반드시 '양질의 동물성 단백질'을 섭취해야 한다고 배웠을 것이다.

아닌 것을 가지고 고기 맛을 내기 위해서 얼마나 많은 기술(에너지)과 식품 첨가물(천연이든 합성품이든)이 사용돼야 할까. 이 분야의 전문 과학자가 아니고서는 잘 알 수 없다.

채식 급식을 요구하다

2021년, 자신이 페스코 베지테리언이라고 밝힌 어느 고등학생이 대구시교육청 홈페이지 게시판에 다음과 같이 아주 의미 있는 글을 남겼다.

〈그린 급식 도입에 관한 건의문〉

안녕하세요. 저는 고등학교 재학생입니다. 최근 친환경을 넘어 필환경의 시대에 도입(돌입)했다는 말이 있습니다. (……) 모두가 함께 살아가는 대안으로 '육식을 절대 먹지 말자'가 아니라 육식 줄이기의 필요성을 알고 동참해서 나아가야 할 때입니다. 육식 섭취를 줄이는 '급식 문화'를 조성해 주시기 바랍니다.

내가 재직했던 초등학교에서는 채식을 한다는 학생을 1년에 한두 명쯤 만났다. 물론 아직까지 학교 현장은 채식 급식에 대한 요구보다 고기를 늘려 달라는 요구가 절대적이다. 오히려 채식 급식을 할까 봐 걱정한다. 영양 교사 또한 현대 영양학을 배우고 양성된 전문인으로서 동물성 단백질 신화를 완전히 넘어서지는 못했다. 학생, 학부모의 고기반찬에 대한 욕망과 영양 교사의 영양학적 지식이 결합해 식단가 등 조건이 맞으면 언제든지 '육류 중심 급식'을 할 준비가 되어 있는 것이다. 여기에 빠질 수 없는 급식 주체가 더 있다. 바로 조리하는 노동자다. 고기는 육가공 업체에서 사양대로 절단해서 납품하기 때문에 고기반찬을 만드는 것은 채소 조리법에 비해 매우 간단하다. 학생들의 입맛과 조리 노동자들의 이해관계가 딱 맞아떨어진다. 학생들의 고기반찬에 대한 선호와 조리 노동자의 힘겨움 모두 이해가 돼서 안타까운 마음에 고기반찬을 듬뿍 넣어 식단을 구성할 때가 많다. 현실과 타협하는 것이다. 그러면 한편에서는 채식하는 교사나 학생들이 '급식에 육식이 너무 많이 나와서 못 먹겠다'며 불만을 토로한다. 영양 교사로서는 사면초가의 상황이 거의 매일 일어나는 것이다.

하지만 기후 위기의 원인이 먹거리와 밀접한 연관이 있다는 정황이 점점 포착되고 있는 만큼 우리가 할 수 있는 대안적인 실천 중 하나가 채식이다. 학교급식에서도 채식을 경험할 수 있도록 채식 식단 개발에 매진하고 채식을 제공하며 채식의 이로움과 필요성을 알려야 한다.

나는 환경 문제를 접하고부터 채식 식단을 고민하며 매주 또는 적어도 2주에 한 번 이상은 채식을 제공하였다. 그러면서도 가급적 '채식'인 것을 알아챌 수 없도록 음식의 이름을 짓는 데 공을 들였다. 내가 주로 제공한 채식 음식 중 학생들이 잘 먹는 음식으로는 곤드레나물밥, 콩나물밥, 감자미역국, 채개장(채식육개장), 들깨감자탕, 구운채소샐러드, 감자당근튀김조림, 도라지강정, 연근탕수, 버섯잡채, 양송이버섯떡조림, 청포묵김무침, 삼색나물(시금치, 도라지, 고사리), 애호박양념구이, 가지튀김양념무침, 두부조림, 알리오올리오파스타 등이 있다. 일반적으로 많은 학교에서 제공하는 음식들이다. 튀김과 부침을 기본으로 조리한 후 여러 가지 양념으로 맛을 내면 먹기 좋은 음식이 탄생한다.

기후행동비건네트워크 조길예 상임 대표는 한 강연*에서 개발한 채식 음식을 이름 붙이는 데 신중을 기하는 것도 중요하다고 강조하였다. 이를테면 채식으로 만든 스파게티를 '스파게티 나폴리'라 명명하면 아이들의 호기심을 자극할 수 있고 그로 인해 커다란 거부감 없이 먹는다는 것이다.

채식이라는 점을 전면에 드러내는 채식 급식 정책을 두고 많은 영양 교사들이 어려움을 호소한다. 명시적으로 '채식의 날'을 정하여 운영하면 학생들은 오히려 급식을 먹기도 전에 선입견과 편견을 가지고 접근하여 음식을 적게 달라고 하거나 아예 받으려 하지 않는다는 것이다. 학교에 매점이 있어서 매식이 가능한 고등

---

* 경기도 안양시에 있는 안양군포의왕과천공동급식지원센터에서 주관한 학부모 대상 바른 식생활 교육 연수(2023년 6월 22일)에서 '아이들의 미래와 건강을 위한 지속 가능한 먹거리'라는 주제로 강의한 데서 한 이야기로 약간의 재미가 섞인 표현으로, 네이밍의 중요성을 강조하였다.

학교 같은 경우는 아예 밥을 먹으러 오지 않는 학생들도 있어서 음식물 쓰레기가 평소보다 훨씬 많이 발생한다고 한다.

나도 경험한 바 채식임을 드러내지 않는 전략이 분명 효과적이 지만, 한편으로는 정직하지 못한 것 같아 마음에 걸린다. 보다 근 본적인 접근이 필요하지 않을까.

기후 위기 앞의 학교급식

2022년 8월 9일 전국교직원노동조합 기후위기대응특별위원회 주관으로 '기후 위기 대응 학교급식 토론회'가 있었다. 중심 주제 는 '기후 위기를 극복하기 위한 여러 가지 방법 중의 하나로 학교 에서 채식 급식이 가능한가' 하는 것이었다.

여러 명의 발제와 토론이 있었는데 그중 매우 인상 깊었던 것은 어느 대안학교 학생(고1)의 발표 내용이었다. 물론 대안학교라는 특수성이 있지만, 이 학생이 거듭해서 강조한 것은 기후 위기 극복 을 위한 채식 급식이 어느 정도 성공하기 위해서는 학생들의 '교육 (가르침)'과 '공부(배움)'가 충분히 이루어져야 한다는 것이었다. 기 후 위기 시대란 무엇을 의미하는지, 기후 위기의 원인과 현상, 이러 한 현상의 심각성, 이를 극복하기 위해서 우리가 일상에서 실천해 야 하는 것과 충분히 실천할 수 있는 것의 파악, 그리고 육류 섭취 의 문제와 채식이 왜 필요한지에 대해 충분히 교육하는 것이 전제

되어야 한다고 강조하였다. 여기서 그치는 것이 아니라 학생들 스스로 고민하고 탐구하며 답을 찾는 과정이 있고 나서야 학교에서의 채식 급식이 비로소 가능했다는 실천 사례도 덧붙였다.

매일 이루어지는 학교급식은 말 그대로 산 교육의 장이다. 식생활 즉 편식이나 식사 태도 등에 수정이 필요한 경우 행동을 고칠 수 있는 기회가 있기 때문이다. 지도 교사(담임 교사와 영양 교사)의 관찰과 태도 변화에 대한 즉각적인 반응으로 하는 칭찬은 학생에게 성취감과 만족감을 경험하게 함으로써 자존감과 자신감이 향상되는 데 큰 도움이 되어, 보다 건강한 식생활을 꾸준히 하도록 이끌 수 있다. 물론 한 번으로 바뀌지는 않는다. 그러나 학교급식은 매일 먹기 때문에 그만큼 배움의 기회는 많다.

기성세대가 이미 만들어 놓은 세상, 암울한 현실에 대해 아이들 앞에서 절박한 심정으로 고백해야 한다. 그와 함께 진실한 마음을 담아 사과해야 한다. 기후 위기에 대한 원인과 현상, 예측되는 결과 등의 진실을 알려 주고, 좀 더디더라도 지속 가능한 세상을 위해서는 우리 모두 일상에서 실천하고 행동해야 할 새로운 생활 양식을 가르쳐야 한다.

영양 교사는 누구보다 한발 앞서서 적극적으로 채식 급식을 고민하고 실천하기 위해 노력해야 한다. 채소보다 육류를 몹시 좋아하는 학생들에게 채식만으로 식단을 구성하여 제공하기란 매우 어려운 일이지만, 이제는 솔선수범해야 한다. 그것이 많은 사람의 건강을 책임지는 영양 교사, 영양사의 시대적 사명이다.

먹기 좋은 학교급식, 몸에 좋은 학교급식,
약이 되는 학교급식

먹기 좋은 학교급식

내가 학교를 옮기면서 처음 6개월 또는 길게는 1년간 항상 부닥치는 문제가 있다. 그것은 지금부터 약 20년 전 친환경 급식을 실천하면서부터 시작됐고 변함없이 계속되었다. 바로, 급식이 맛없다는 불만이다.

그동안 학교급식을 하면서 지켜 온 원칙이 몇 가지 있다. 냉동 어육 가공품을 최소한으로 사용하고 육류는 적정량만 제공해왔다. 기름이 많이 사용되는 튀김이나 부침만 올리기보다는 생채,

숙채, 묵나물(마른 나물) 중 한 가지는 반드시 제공하려고 애를 썼으며 그 밖에 버섯이나 채소를 이용하여 다양한 한식 밥상을 구성했다. 그리고 과일도 수입 과일은 거의 사용하지 않았다. 친환경 학교급식을 실천하기 위해서다.

그러나 학생들은 채소 반찬에 대한 거부감이 몹시 심했다. 이 것은 학년이 올라가도 마찬가지다. 아니 초등학생보다 중학생이, 중학생보다는 고등학생의 편식이 더욱 심하다. 이렇게 학생들의 고집스러운 편식 습관에 부딪히고 깨어지면서도 내가 친환경 학교급식에 관심을 갖고 열심히 실천하게 된 데는 계기가 있었다.

2001년 9월로 기억하는데, 어느 주간지의 커버스토리 기사 제목이 '패스트푸드의 비밀'이라 내 관심을 끌었다.* 당시 햄버거는 도시를 중심으로 대중화되고 있던 터라 관심 있게 읽었다. 무려 10쪽이 넘었던 것 같다. 주로 햄버거 속에 들어가는 패티의 원료 고기에 대한 이야기로 축산물의 생산, 유통, 소비에 관한 문제를 집중 취재하여 보도하였다. 상세 내용은 기억 속에서 이미 흐려졌지만, 소고기, 돼지고기, 닭고기 등을 생산하는 과정에서 동물을 '생명'으로 보는 것이 아니라 상품으로 취급하며 항생제와 성장 촉진제를 남용하는 것과 축산업은 근원적으로 온실가스의 주범이며 자연 파괴의 원인이 된다는 것 등의 문제를 제기했다. 또한 질이 좋지 않은 재료를 혼합하고 패티로 성형하여 가공하는 과정

---

* 〈패스트푸드의 비밀〉,《한겨레21》, 376호, 2001년 9월 20일.

에서 온갖 식품 첨가물이 더해진다는 놀라운 사실이 적나라하게 쓰여 있었다. 그리고 이윤 추구에 혈안이 된 글로벌 식품 산업에 대해 왜 대항하지 못하고 휩쓸려 가는지를 분석했다. 자본이 아이들을 공략하여 입맛을 길들이고, 성장해서도 계속 소비하도록 부추기는 영업 전략이 우리 사회를 병들게 하고 있었던 것이다.

당시 칼럼에 소개된 책이 몇 권 있었는데 김수현(약사)의 《밥상을 다시 차리자》, 1991년에 창간한 격월간지 《녹색평론》, 그리고 녹색평론사에서 발행한 헬레나 노르베리-호지의 《오래된 미래》가 그것이다.

내가 날마다 아침 일찍 출근하여 제일 먼저 하는 일이 식품을 검수하는 일인데, 식품에 대한 앎이 일천했구나 하는 자책과 반성을 하며 소개된 책들을 열심히 읽었다. 그러면서 환경 문제, 생태 문제를 접했으며 그것은 결국 먹거리와 닿아 있음을 알게 되었다.

이것이 2002년부터 친환경 학교급식운동에 매진하게 된 계기가 됐다. 학교에서 급식을 운영하면서 내가 할 수 있는 일이 무엇일까를 고민하고, 적절한 실천 과제로 찾은 것이 식재료를 잘 선택하는 것이었다. 물론 당시 유기 농산물은 그 생산량이 0.1%도 채 되지 않았다. 당시 식량 자급률도 26%(현재 19%)로 낮은 편이었지만 그중 유기 농산물 비율은 정말 미미했다.

내가 친환경 급식을 실천하기 위해 맨 먼저 한 일은 모든 양념류를 '국산'으로 바꾸는 것이었다. 간장, 고추장, 고춧가루, 된장,

꿀, 물엿, 매실 농축액, 미강유, 참기름, 참깨 정도였다. 양념류라서 사용량이 많지 않기 때문에 레시피가 정확하고 재고 관리만 철저히 하면 안 될 것이 없었다. 우리나라에서 생산되지 않는 설탕과 후춧가루는 공정 무역 제품을 사용하였다. 밀가루도 국산을 찾았다. 이렇게 국산 식재료 사용과 친환경 농산물 사용을 위해 노력했다. 그때 알게 된 단체가 우리밀살리기운동본부, 각 지역의 여러 생협 단체, 가톨릭농민회 등이었는데, 모두 우리 농업, 우리 농산물을 지키려고 안간힘을 쓰고 있었다.

아이들이 내가 준비한 급식이 맛없다고 평가하는 이유 중 가장 큰 것은, 당연히 건강에 좋은 음식을 제공하고자 하는 나의 급식 철학과 학생들의 기호 사이 거리가 너무나 멀기 때문이다. 앞에서도 말했지만 아이들은 이미 가공식품에 길들여져 있다. 매운맛에는 호불호가 갈리지만 달고 짠 음식을 맛있다고 여기는 것은 거의 일반화되어 있다.

그 다음 원인은 아마도 식재료의 차이일 것이다. 여러 가지 식재료 중에서 특히 밀가루는 우리 밀이 외국산 밀보다 글루텐 함량이 적고 거친 편이어서 국수나 빵을 만들었을 때 상대적으로 맛이 없게 느껴진다. 아이들이 좋아하는 햄과 소시지 역시 식품 첨가물이 많이 들어간 대기업 제품이 아니라 가급적 좋은 고급 원료와 식품 첨가물이 적게 들어간, 생협 생산자 조합원인 중소기업 가공식품을 사용한다. 그러니 식단가는 높은데 학생들 입맛엔 당장 가닿지 않는 것이다. 다행히 점점 우리 밀 가공 기술이나 국

내산 원료만 가공하는 중소기업 제품 기술이 많이 향상돼서 맛
이 더 나아지긴 했다.

마지막으로 생각할 수 있는 것은 가끔 발생하는 부정확한 레시
피 또는 조리 과정의 실수로 실패하는 경우이다. 이 부분은 몹시
부끄러운 일이다. 궁색하지만 그래도 변명을 해 보자면, 대량 조리
과정에서 일어날 수 있는 경우의 수가 너무 많아서 실패할 위험이
항상 존재한다는 것이다.

학생들이 학교급식을 맛없다고 생각하는 편견을 깨기 위해 생
각해 낸 것이 '먹기 좋은(맛있는) 학교급식'이라는 슬로건이었다.
맛이 있다고 여기는 것을 '먹기 좋은'이라고 표현한 것이다. 맛이
있다고 생각해야 조금이라도 먹어 보고 '어떤 맛'인지 경험할 수
있기 때문이다.

몸에 좋은 학교급식

세계보건기구World Health Organigation, WHO에서는 '건강'이란 단지
질병이나 허약함이 없는 것만이 아니라, 신체적, 정신적 및 사회적
안녕이 완전한 상태를 의미한다고 정의하고 있다.*

---

* Health is a state of complete physical, mental and social well-being and
not merely the absence of disease or infirmity.(WHO 공식 홈페이지 게시)

이 정의에서 사회적 안녕이란 어떤 의미인지 곱씹어 본다. 사회적 안녕, 즉 인간 간의 관계는 물론 이를 확대하여 자연과 인간과의 관계가 안녕한 것이 '건강한 상태'라면, 이미 현대(인류세*)를 살아가고 있는 우리는 건강한 사람이 못 된다.

건강하지 못한 지구, 전쟁이 끊임없이 진행되고 있는 지구에 살면서 자연과는 무관하게, 아니 자연을 마구 도륙하면서 유지하는 삶은 결코 건강할 수가 없다. 신체적으로 튼튼한 사람은 얼마든지 찾아볼 수 있지만, 정신적 및 사회적 안녕이란 현대 사회를 살아가는 사람에게는 거의 불가능한 일이다. 이러한 척박한 조건 속에서 학교급식은 먹는 학생과 교직원에게 건강을 담보할 수 있는 음식을 제공해야 한다. 흔히 얘기하듯 '몸에 좋은 음식'을 제공해야 하는 것이다. 그런데 몸에 좋은 음식에 대한 개념이 제각각이다.

마이클 폴란은 그의 저서 《마이클 폴란의 행복한 밥상》에서 '영양소와 음식은 결코 같은 것이 아니다'라고 말했다. 영양소란 음식 속에 들어 있는 우리 눈에 보이지 않는 어떤 물질이다. 그런데 이 보이지 않는 영양소를 기준으로 단순히 음식을 갈래짓고 규정짓는 등 음식의 과학적 가치를 매기는 것을 영양주의 즉 이

---

* 인류세Anthropocene. 人類世란 네덜란드의 화학자 폴 크뤼천(1995년 노벨화학상 수상자)이 2000년에 고안한 용어로서, 인류의 자연환경 파괴로 인해 지구 환경 체계가 급격히 변했고, 그로 인해 지구 환경과 맞서 싸우게 된 시대를 뜻한다. 아직 학계에서 공식화되지는 않았다.

데올로기라 하였다.* 당연한 지적이다. 다시 말해서 영양주의란 음식을 '영양'으로 대체하고, 먹는 문제를 전문가에게 의존하도록 하며, 음식을 생물학적(과학적) 문제로 협소하게 가두고 영양 법칙에 따라 섭취해야 하는 '어떤 것'이라고 여기는 신념이다. 여기서 전문가란 물론 영양학자를 일컫는다.

영양 교사는 영양학자가 일구어 놓은 이론을 바탕으로 영양 법칙에 따라 학교급식을 운영하는 자이므로, 이러한 비판에 따르면 안타깝게도 영양 교사는 '영양주의'에서 자유롭지 못하다. 그럼에도 불구하고 영양 교사에게 탈출구는 있다. 권위주의와 권위가 다른 것처럼 '영양주의'와 '영양'은 본질적으로 다르기 때문이다. 그러므로 영양 교사는 영양주의에 갇힌, 영양으로 대체된 '음식'을 찾아와야 한다. '음식의 탈환'이야말로 영양학자가 아닌 영양 교사가 가장 잘 실천할 수 있고, 영양 교사로서 실천해야 할 사명이다.

몸에 좋은 음식이란 무엇인가. 그러면 몸에 나쁜 음식도 있나. 아니 정확히 말한다면 몸에 좋지 않은 물질이라고 표현해야 할 것이다. 몸에 좋은 음식이란 가공하지 않은 식재료로 만든 음식이다. 그렇다면 몸에 나쁜 물질은 가공식품이라고 해도 과언이 아

---

* 영양주의는 조르지 스크리니스라는 오스트레일리아 과학사회학자가 만든 말이다. 이렇게 영양주의라는 말을 붙여 놓으면, 쉽게 지나치거나 당연하게 받아들였던 것을 제대로 볼 수 있게 해 준다. 영양주의는 영양과 다르다. 마이클 폴란(2009), 《마이클 폴란의 행복한 밥상》, 다른세상, 36~37쪽.

니다. 그래서 철저히 자연식물식*만을 주장하는 사람들도 있다.

그러나 오늘날 가공하지 않은 식재료를 찾기란 거의 불가능하다. 전통 식품 중 하나인 간장, 된장, 고추장도 이미 공장식 가공식품이 되었다. 축산물이나 양식 물고기 같은 수산물도 가공한 사료를 먹고 자라기 때문에 근본적으로는 가공식품에 속할 수 있다.

그렇다면, 어쩔 수 없이 최대한 적게 가공된 식품을 찾아서 사용해야 한다. 원료는 국내산, 식품 첨가물을 거의 사용하지 않아야 하고 유통 기한(소비 기한)은 짧아야 한다. 이렇게 식품의 본질을 가급적 훼손하지 않고 만들어진 가공식품은 그나마 건강한 음식의 재료가 될 자격을 가진다. 무엇보다 제철에 친환경 농법으로 재배한 각종 채소와 과일은 몸에 좋은 음식을 만들 수 있는 가장 좋은 식재료이다. 결론적으로 몸에 좋은 학교급식이란 친환경 농수축산물과 지역 농산물로 지은 '제철 밥상', '지역 밥상'이다.

약이 되는 학교급식

요즘 초등학교에서는 점점 주의력 결핍/과잉행동 장애**를 가

---

* 이의철(2021), 앞의 책.
** 주의력 결핍/과잉행동 장애Attention Deficit/Hyperactivity Disorder, ADHD는 아동기에 많이 나타나는 장애로, 지속적으로 주의력이 부족하여 산만하고 과다 활동, 충동성을 보이는 상태를 말한다. 이러한 증상들을 치료하지 않고 방치할 경우 아동기 내내 여러

진 아이들이 증가하고 있다고 한다. 그런데 그 원인은 생각하지 않는다. '결핍'을 결정하는 자는 누구인가. 왜 주의력이 결핍된 것처럼 보일까. 그 이전에 '주의력'이란 어떤 힘인가. 혹시 주의하고 싶지 않은 마음이 내면 깊숙이 자리하고 있는 것은 아닐까.

나는 오늘날 여러 가지 사회 병리 현상*에 대한 이들의 보다 적극적인 저항 방식의 하나가 아닐까 하는 생각이 든다. 다시 말해서 기성세대가 만들어 놓은 사회에 대한 불만을 온몸으로 표현하는 것일지도 모른다는 것이다. 과잉행동이란 보지 않는 것을 보여 주기 위한 방식의 하나일 수도 있다. 아이들이 큰 목소리로 말하는 이유 중 하나가 자신의 목소리가 상대에게 가닿지 않는다고 느끼기 때문인 것과 같다.

과잉행동은 주로 어릴 때 나타난다. 왜 그럴까. 이렇게 아이들이 아픈 것은 누구의 책임일까. 진정한 어른이 희소한 사회의 책임 아닐까. 아무튼 학교에 아프다고 '판정'받은 아이들이 점점 많아지고 있다. 환경성 질환인 아토피 피부염이나 비염, 천식을 앓는 아이들도 부쩍 많아졌다. 학교급식은 이렇듯 아픈 아이들, 아플 예정에 있는 예비 환자들에게 '약'이 되어야 한다. '약이 되는

방면에서 어려움이 지속되고, 일부의 경우 청소년기와 성인기가 되어서도 증상이 남게 된다.[네이버 지식백과](서울대학교병원 의학정보, 서울대학교병원)

* 나는 우리 사회의 집단적 현상인 정치적 무능, 타인에 대한 냉소 또는 무관심, 금전 만능주의, 관료주의, 패배주의 등의 근본 원인은 신자유주의 혹은 시장 만능주의 등이라 생각한다.

음식'을 주어야 하는 이유다. 이들이 학교에 등교하는 날엔 언제나 급식을 먹어야 하기 때문이다. 이것이 학교급식이 가진 '힘'이며 '시대적 사명'이다.

약이 되는 학교급식은 몸에 좋은 학교급식보다 한 차원 높은 개념이다. 즉 그냥 몸에 좋은 음식이 아니라 '진짜 몸에 좋은 음식'을 주어야 한다. 그러기 위해서 가짜 음식(가공식품)은 퇴출해야 한다. 학교급식에서 가짜 음식을 퇴출하는 데는 영양 교사가 유리하다. 실무 주체이기 때문이다. 약이 되는 음식을 제공하기 위한 책임이 무겁다. 환자가 없으면 의사가 필요 없듯이 건강한 사람만 있다면 영양 교사의 전문성은 요구되지 않을지도 모른다.

영양 교사는 대형 마트에 진열되어 있는 온갖 가공식품들의 가치를 판별할 수 있는 능력을 길러야 하며 옳지 못한 식품, 식품이라 할 수 없는 물질을 학교 밥상에서 배제할 용기가 필요하다. 다시 강조하지만 오늘날 학교급식은 학생들에게 약이 되어야 하기 때문이다.

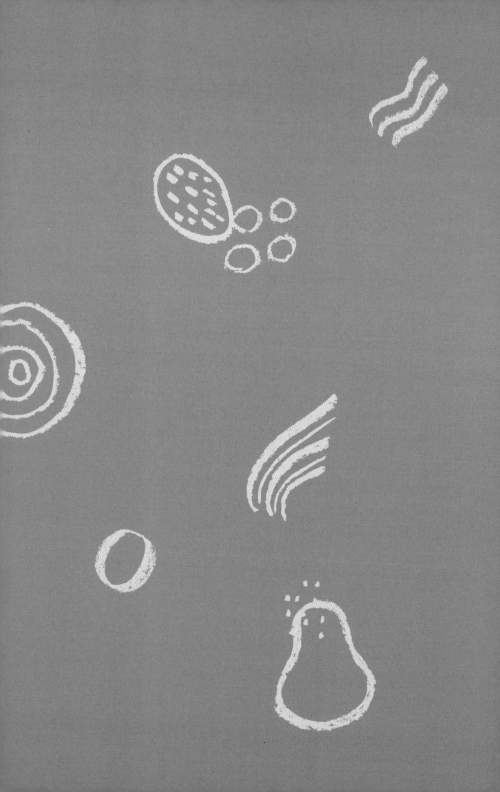

3부

학교급식,
교육으로 만나기

영양 교사와
영양교육

2003년 7월 25일 「학교급식법」이 개정되고 이어서 2004년 1월 20일 「초·중등교육법」도 개정되면서 영양 교사 배치의 법적 근거가 마련되었으며 2007년 3월 1일 자로 영양 교사가 첫 발령을 받았다.* 식품위생직(일반직 공무원)인 학교 영양사(학교급식 담

---

* 2003년 「학교급식법」, 2004년 「초·중등교육법」 개정으로 영양 교사 제도가 도입되었으며 당시 우리나라에는 영양 교사 자격을 가진 전문가가 양성되기 전이었기 때문에 기존의 학교 영양사가 3년간 준비해서 임용 시험을 통과한 후 2007년 3월 1일 당시 전국에 약 2,600여 명의 제1기 영양 교사가 배치되었다. 2021년 교육부 자료에 따르면 전국 학교 수 11,976개교 중 영양 교사는 6,227명이 배치되어 있다(배치율 57.4%).

당자)를 왜 교직(영양 교사)으로 전환했을까. 그 배경은 대략 세 가지로 정리할 수 있다.

첫째, 학교에서 영양사로서 급식을 운영하는 것으로는 학생들을 지도, 교육하는 데 한계가 있었다. 우리 사회는 일반적으로 교육 활동의 범위를 교원의 활동으로 국한해서 해석하는 경향이 있다. 따라서 학교 영양사를 교직으로 전환함으로써 학교급식을 통한 학생 교육이 이루어질 것이라는 기대가 있었다.

둘째, 소아 비만이나 소아 성인병이 사회 문제로 대두되기 시작하여 청소년기 식생활 습관의 중요성이 강조되면서 학교에서의 식생활교육이 더욱 필요해졌기 때문이다.

마지막으로 일반직과 교직 간의 여러 가지 차별 대우에 대한 저항이 있었음을 부인할 수 없다. 영양사뿐만 아니라 다른 교육공무직에서도 비슷한 문제의식을 가지고 있다. 이는 교육적 문제라기보다 학교 내 노동 위계와 연관돼 있는 측면이 강한데 이에 대해서는 나중에 기회가 되면 다시 이야기해 볼 수 있으면 좋겠다.

학교급식의 독특성

식품위생직인 영양사가 교직인 영양 교사로 전환되는 과정에서 가정 교과 교사를 비롯한 거의 대부분의 교사들이 집단적이고 전투적으로 반대했다. 영양 교사가 제도화될 당시 분위기는, 교사 총 정원제에 묶여 있는 우리나라 교사 배출 제도로 인해, 영양 교사를 일반 (교과) 교사 정원을 갉아먹는 교직 사회의 암적 존재로 이해하는 분위기가 팽배했다. 특히 밀접한 관련이 있다고 오인한 가정(지금은 기술·가정으로 통합) 교사들은 피케팅으로 영양 교사로의 전환 반대 행동에 적극 나서기도 했다. 그러나 가정 교사 등은 급식을 도구로 하여 학생에게 '산 교육'을 수행하는 데는 분명 한계가 있다. 학교급식을 실제적으로 담당하는 영양 교사가 급식을 운영하면서 현장에서 벌어지는 여러 가지 상황을 교육 내용에 녹여 내어 자료를 만들어 학생과 만나는 것은 우리 교육 현장을 살아 있는 체험 교육장으로 만드는 것과 같은 효과를 기대할 수 있다.

그러나 2007년 영양 교사가 배치된 이후로 학교급식이 과연 교육으로 자리매김하고 있는지 생각해 보면 의문이 든다. 특히 우리나라 교육과정은 교과 중심성에서 벗어나지 못하고 있다. 학교급식은 보건교육이나 상담교육 같은 비교과 교육 활동과도 그 결이 다르다. 학교급식은 대개 학교에서 교육 활동이 원만하게 이루어질 수 있도록 보조하는 교육 복지로 간주되기 때문이다.

학교급식을 교육으로 접근하기 위해서는 먼저 학교급식이 가진 특성을 이해해야 한다.

우리 사회에 단체 급식을 운영하는 곳은 많다. 대형 병원에서 환자와 직원에게 제공하는 것을 병원 급식이라 하고, 일정 규모

이상의 회사가 직원에게 점심을 제공하는 것을 산업체 급식이라 칭한다. 사회 공공시설, 이를테면 노인 복지 시설이나 아동 보호 시설 등에서 실시하는 급식을 시설 급식, 교도소 수감자를 위한 것은 교도소 급식이라 한다.

이렇듯 단체 급식을 규정하는 명칭은 '장소적' 개념을 기본으로 하고 있다. 그런 의미에서 학교급식 또한 예외일 수 없다. 학교급식이라고 말했을 때 사람들이 제일 먼저 떠올리는 것이 '학교에서 학생과 교직원 등에게 식사를 제공하는 단체 급식'이라는 뜻이 될 것이다. 실제로 학교급식은 학생이 등교하는 수업일이면 하루도 거르지 않고 주로 점심시간에 실시되며, 학교에서 학생들이 건강하게 성장하는 것을 돕기 위해 정성껏 음식을 준비하는 일을 일컫는다. 하지만 이것만으로는 학교급식이라는 국가 '교육' 사업이 매우 협소한 의미 또는 단편적인 개념에 갇혀 버린다.

학교급식은 일반적인 단체 급식과는 다르다. 첫째, 단체 급식은 「식품위생법」이 규정한 집단 급식소의 운영 원칙을 따르면 된다. 그러나 학교급식은 집단 급식소 규정을 따라야 함은 물론, 이에 더해 「학교급식법」, 「초·중등교육법」 등에 의거하여 운영하고 있기 때문에 급식 실무와 교육, 즉 급식 지도와 영양 수업 등을 수행해야 한다. 영양 교사에겐 이중의 과제가 주어진 셈이다.

둘째, 단체 급식은 피급식자가 어느 정도 균일한 경우가 많다. 산업체 급식은 해당 산업체 근로자를 위한 복지 제도의 하나로 식사를 제공하는 경우가 대부분이다. 산업체 급식의 근본 목적은 근로자의 생산성을 높여 결과적으로 기업 이윤을 최대로 끌어 올리는 것이다. 성인을 대상으로 하는데, 법적으로 규정된 집단 급식소지만 1회 제공 영양량에 대한 법적 규제가 없다. 최대한 피급식자의 기호에 맞추고 만족도를 높여 그들에게 생산 의욕을 고취하는 것이 중요하다. 그러나 학교급식은 「학교급식법 시행규칙」에 법정 영양량이 명확히 규정되어 있다. 너무 많이 주어서도, 너무 적게 주어서도 안 되도록 상하한선이 정해져 있다. 예를 들어 열량의 경우 기준량의 ±10% 범위를 넘어서면 안 된다.

셋째, 단체 급식은 일반적으로 식약처와 지방자치단체 위생과에서 위생 관리 및 규제를 받고 있다. 학교급식소는 식약처, 지자체뿐만 아니라 교육부, 광역 교육청, 기초 단위 교육지원청, 학부모의 위생 관리와 감시를 받는다. 이는 현장 영양 교사에게 매우 큰 압박으로 작용한다. 이처럼 이미 학교급식은 법적으로 교육의 일부로 규정되어 관리되고 있음에도 교육 현장에서는 '급식은 교육'이라는 인식이 부족하다. 1부에서 살펴본 것처럼 학교급식이 효율적으로 식사와 돌봄을 제공하려는 도구적 관점으로 시작되었기 때문에 구성원의 사고도 그 틀을 벗어나기 어렵다. 급식을 교육적 관점으로 접근하기 위해서는 영양 교사 제도 도입을 넘어 학교의 교육과정, 교육 내용, 교육 방법 등 전반적인 교육 제도의 구조 조정이 필요했다.

학교급식, 교육으로 접근하기

학교급식을 교육으로 접근하기 위해 무엇이 필요할까.

먼저 교육부의 인식이 바뀌어야 한다. 교육부는 해마다 학교급식 정책이 담겨 있는 〈학교급식 기본방향〉이라는 지침을 만든다. 그런데 이 지침 중 90% 이상이 행정 사항으로 채워져 있다. 학교급식 특성상 관리 방안 기준이 있어야 하는 것은 당연하다. 그러나 학교급식을 통한 교육과정이나 교육 방법 등 교육 활동으로서의 내용은 뚜렷하게 보이지 않는 것은 문제다. 교육부 인식 수준이 이러한데 어떻게 학교 현장에서 학교급식이 교육으로 자리매김할 수 있을까.

또 하나의 커다란 문제는 학교급식을 담당하는 인적 구조가 영양사와 영양 교사의 이중 구조라는 것이다. 나는 영양사도 수업을 할 수 있도록 열어 두어야 한다고 생각한다. 농부로부터 농사일을 배우고 소방관으로부터 소방 훈련을 배우듯이 영양사로부터 영양교육을 받지 않을 이유는 없다고 본다. 그러나 일부 학교장의 경우 영양사는 교사가 아니므로 수업권을 줄 수 없다고 말한다. 이러한 현실은 영양사와 영양 교사의 갈등으로 확대될 수 있어서 사회적으로 매우 큰 문제를 안고 있다. 영양사, 영양 교사는 학교급식을 통해 학생 건강을 책임지기 위해 소통하고 협업하여 식단 개발과 수업 연구 등을 함께 해야 한다.

〈학교급식 기본방향〉에 의하면 연간 계획에 따라 영양·식생활

교육을 월 2회 이상 실시할 것을 권고(권장)하고 있지만 학교장이나 영양 교사에 따라 실천은 대단히 큰 편차를 보인다. 그리고 수업의 구체적인 대상과 차시 등은 언급하고 있지 않다.

물론 열악한 환경에도 불구하고 학교급식을 교육으로 자리매김하기 위한 노력은 꾸준히 있어 왔다. 10여 년 전부터 일부 시·도교육청 단위에 담당 장학사를 배치하기 시작했다. 그리고 경기도교육청의 경우 학교급식을 '교육 급식'으로 명명한다. 그러나 이러한 호칭은 교육에 방점을 찍은 것이 아니라 여전히 '급식'에 무게중심이 실려 있는 명명법이다. 따라서 교육 급식이 아니라 '급식교육' 내지 '영양교육'으로 명명되고 영양교육의 한 방편으로 '급식'이 이루어져야 온전한 교육 활동으로 자리매김이 될 수 있다. '교육 보건'이 아니라 '보건교육'으로 불리는 것과 같은 이치다. 보건교육 속에도 학생들의 건강을 위한 응급 처치나 건강 관리 기능이 내재되어 있듯이 급식교육에서도 학생 건강을 위한 급식 제공을 기본적인 활동으로 하는 것이다.

식당에서 점심시간에 급식 지도를 위해 잠시 만나는 것은 영양교사와 학생이 서로를 잘 알 수 있는 구조가 아니다. 매우 피상적인 만남이 될 수밖에 없다. 학생들에게 영양 교사란 그냥 하얀 위생복을 입고 점심때가 되면 나타나는 '잘 모르는 사람', '낯선 사람'인 것이다. 교실에서 급식이 이루어지는 경우에는 학생과 영양교사가 만날 수 있는 기회가 더욱 차단된다. 초등학교의 교실에서는 학생과 담임 교사가 항상 같이 있으며 점심시간에 '외부인'인 영양 교사가 방문하는 것을 달갑게 여기지 않는 분위기이다. 영양 교사가 교실을 방문하는 경우는 무슨 문제가 발생했을 때가 아니면 흔치 않다.

나는 〈학교급식 기본방향〉을 근거로 1학년부터 6학년까지 모든 학년 아이들과 한 학기당 한 차시씩 1년에 두 번 수업을 통해 학생들을 만났다. 이 경험에 의하면 수업 시간에 만나는 학생들 모습은 식당에서 급식 시간에 만나는 것과 느낌이 많이 다르다. 조금 철학적으로 표현하자면 교실에서 만나는 학생과 식당에서 만나는 학생은 '다른' 인격체인 것이다.

나는 영양 수업*을 통해 먹거리, 때로는 생태 환경을 주제로 함께 이야기를 나누며 학생과 나의 생각을 넓혀 간다. 어떤 때에는 학생들에게 개인적인 건강 또는 식습관 문제나 우리 사회가 가지고 있는 여러 가지, 주로 먹거리 시스템 관련한 문제를 던지기도 한다. 학년에 따라 사용하는 언어는 다르지만 내용은 약간 고정되어 있다. 주어진 시간이 많지 않기 때문에 오히려 패턴화된 수업을 설계하는 것이다.

---

* 내가 수행하는 영양 수업은 '영양' 교사가 함께하는 수업이라는 의미를 갖는다. 나는 영양 수업을 통해 정치, 경제, 사회, 문화 전반을 이야기한다. '영양'에만 갇혀 있지 않으려 한다.

급식 시간에 밥 먹는 곳은 현장 체험 학습장이다

조금 넓혀 보면 학교에서 밥을 먹는 급식 시간은 매우 소중한 '현장 체험 학습' 시간이 된다. 먹거리, 음식 섭취는 그 자체가 문화이고 문화는 직접 체험함으로써 형성되는 것이기 때문이다.

무상 급식이 오늘날과 같이 정착되는 과정에서 다양한 의견이 엇갈려 사회 갈등 요소로 부상했던 적이 있었다. 그중에서 가장 많은 얘기가 나왔던 부분이 교육 예산이 줄어들어 교육 환경 개선에 대한 지원이 축소될 것이라는 염려였다. 그러나 건강한 먹거리를 제공하고 이와 관련한 교육을 하는 것은 그 어떤 물리적이고 기술적인 지원보다 우선돼야 한다. 왜냐하면 '식'은 삶의 근간이고 문화이기 때문이다.

학교급식이란 본질적으로 '음식을 제공하는 일'이다. 다만 그 목적을 생각하면 급식에서 제공하는 음식은 학생 심신의 건전한 발달을 위해 좋은 식재료로 만들어야 한다. 그러므로 건강한 먹거리를 제공하는 것을 '정의'를 실현하는 것에 비유해도 과언이 아니다.

바꿔 말하면 학생 심신의 건전한 발달에 도움이 되지 않거나 오히려 학생 심신의 건전한 발달을 해치는 음식을 제공하는 것은 정의롭지 못한 일이라 말할 수 있다. 불건강한 식사 제공은 척결해야 할 개혁의 대상이 될 수도 있는 것이다.

문제는 개인의 건전한 심신 발달(성장 및 건강 향상)이라는 것,

즉 음식 섭취로 인한 영향이 단시간에 나타나는 것이 아닌 만큼 학교급식의 목적을 달성했는지에 대한 평가는 거의 불가능하다는 것이다. 학생 건강을 관찰하려면 통제해야 할 요소가 너무 많기 때문이다. 그럼에도 불구하고 환자를 낫게 하는 것이 의사의 본질적 의무인 것처럼 영양 교사는 학생 심신을 건전하게 발달시키는 것이 본질적인 의무다.

영양 교사의 존재론

지금은 작고한 《녹색평론》 잡지의 발행인인 김종철 선생에게 나를 소개할 일이 있어서 초등학교에서 급식 일을 하고 있는 영양 교사라고 하니 그가 대뜸 "나는 학교급식 반대입니다"라고 말씀하여 깜짝 놀란 일이 있다. 몹시 당황스럽고 민망했지만 단체 급식으로서 학교급식 시스템이 가진 문제에 대한 비평적 접근이라 딱히 반론할 수 없었다.

학교급식이 가진 많은 한계에도 제도가 폐지되기는커녕 현재 전국의 모든 학교에서 급식을 실시하고 있으며 저녁 급식, 아침 급식으로 확대하기 위해 모두가 부심하고 있다. 이런 현실 속에 위치해 있는 영양 교사의 역할은 무엇일까. 나는 학교급식의 실무 주체인 영양 교사가 급식 현장의 비교육적 현상을 성찰하고, 급식의 교육적 가치를 발견하여 우리 사회에 알리는 작업이 필요하다고 생각한다. 학교급식의 적나라한 현주소, 특히 자신이 속해 있는 학교의 급식에 관한 형편과 상황, 문제점 등은 해당 학교 영양 교사가 가장 잘 알고 또 알아야 한다. 그리고 자신이 담당하고 있는 학교급식에 관한 사항은 그것이 무엇이든 잘 설명할 수 있는 언어를 가져야 한다. 자신의 언어를 갖기 위해서는 현장 상황 및 현상을 냉철하게 분석하여 비판적으로 평가하고, 학생 건강이든 급식 교육 활동이든 대안을 고민하고 실천하는 역동성이 있어야 한다. 그러기 위해서 다음과 같은 질문에 직면해야 한다.

학교급식은 왜 하게 되었나?
학교급식은 교육인가?
학교급식은 어떤 교육인가?
학교급식에 대한 우리 학교 구성원의 인식은 어떠한가?
학교급식에 대한 사회의 인식은 어떠한가?
영양 교사는 왜 필요한 존재인가?

그리고 이혁규가 쓴 《한국의 교사와 교사 되기》라는 책의 한 대목에서 '교사'를 '영양 교사'로 대체하니 의미 있는 물음이 되었다.

나는 영양 교사로서 계속 성장하고 있는가?
우리 학교는 혹은 내가 속해 있는 조직은 나의 성장을 돕는 좋은 학교인가?

　나는 현재 학교에서 행복한가?

　영양 교사는 예비 교사 때부터 정년까지 계속 성장하고 있는가?

　좋은 질문은 사람의 성장을 돕는다. 스스로에게 끊임없이 질문을 던져야 한다. 스스로 개혁하려는 집단은 드물다. 외부의 압력이 작용해야 개혁이 가능할지 모르겠다. 우리 영양 교사 집단은 과연 스스로 개혁하며 성장하고 있는가.

"학교급식,
만족하셨습니까?"

울고 넘는 설문 조사

학교급식의 가장 큰 문제는 시대적 요구와 학생들의 요구 사이에 너무나 큰 거리가 있다는 것이다. 학교급식은 한 학기에 한 번씩 설문 조사를 한다. 사업명도 '급식 만족도 조사'이다. 영양 교사에게 이때만큼 괴로운 시간도 없다. 만족도가 높아도 믿을 수 없어서 괴롭고, 만족도가 낮으면 처참해서 괴로움에 빠진다. 답답한 마음에 어느 일간지에 "학교급식을 맛으로만 먹지 말라"는 내용의 글을 쓴 적도 있다.*

학생들이 찾는 '맛'이란 대개 건강하지 못한 맛이다. 이건 명백하다. 그래서 학생들의 입맛과 타협한 학교는 만족도가 비교적 높게 나오고 학생들의 입맛을 고치기 위해 고군분투하는 학교는 만족도가 낮게 나온다.

'교육 활동 만족도 조사'라는 것이 있는가. 아니면 '수업 만족도 조사' 같은 것이 있는가. 유사한 제도가 있다면 교원능력개발평가(교원평가)가 있을 것이다. 전국교직원노동조합은 교원평가를 극렬하게 반대했다. '학교교육 질 제고를 통한 학생의 교육적 성장'이라는 학교교육 고유의 목적에 부합되지 않는 정책으로 '개선'이 아니라 '폐지'되어야 한다는 이유였다. '학생의 교육적 성장'은 경쟁 만능의 평가 제도를 통해 이루어질 수 없으며, 교사 간, 교사와 학생 간 소통과 협력을 통해 이루어질 수 있다고 여기고 있다. 아울러 공적 영역에 속하는 '학교교육의 질 제고'는 평가 결과를 통해 교사 개인에게 책임을 지우는 방식보다는 학교교육에 대한 국가의 책임을 강화하는 방식을 통해 이루어질 수 있음을 강조하고 있다. 가령, 교육 예산 증액, 학급당 학생 수 감축, 교사 정원 확대, 민주적이고 수평적인 교원 인사 제도, 학교 자치 확대, 입시 경쟁 교육 개혁 등의 문제가 우선 해결되어야 학교교육의 질이 담보될 수 있다는 것이다.**

---

* (앞의 쪽) "[왜냐면] 학교급식, 맛으로만 평가하지 말라", 〈한겨레〉, 2016년 6월 16일.
** 《「학생·교원평가 개혁」을 통한 공교육 정상화 어떻게 할 것인가?》, 여의도연구소

코로나19 시기를 거치면서 교원평가는 2020년에는 한 해 거르고 2021년에는 동료 교원평가를 제외하고 실시했다. 2022년에는 학생들의 서술형 답안에 성희롱 내용이 발견되어 우리 사회를 깜짝 놀라게 했다. 상황이 이러한데도 교육부는 여전히 부적절한 서술형 답변 제출과 관련하여 교원 피해를 예방하기 위해 필터링 시스템을 개선하겠다는 얘기만 하고 있다. 교원들의 90% 이상이 교원평가의 부적절성을 얘기하고 있는데도 말이다.[*]

교원평가도 이러할진대 하물며 대놓고 만족도 조사라고 하는 급식 설문 조사의 비교육성은 말할 것도 없다. 그럼 학교급식 만족도 조사를 한번 살펴보자.

소비자 마인드를 강화시키는 급식 만족도 조사

첫 번째, "우리 학교 급식은 건강과 올바른 식습관을 만들어 주는 데 도움을 준다라고 생각하십니까?" 이 물음을 받아 보고 학생이 할 수 있는 생각은 어떤 것일까? 우선 건강과 올바른 식습관이 무엇인지에 대한 개념이 어느 정도 형성되어 있어야 정확한

토론회 자료집, 2009년 9월 1일.
[*]《교원능력개발평가 훈령 제정의 위법성과 교사·교육에 미치는 영향》, 전교조 토론회 자료집, 2015년 11월 25일.

답을 할 수 있다. 그러나 학생들(초등은 대개 5, 6학년을 대상으로 실시한다)은 아무 고민을 하지 않고 즉답을 한다. 그 답의 근거는 자신이 바로 전에 경험했던 급식의 '맛'에 좌우된다. 또한 담임 교사의 영향도 매우 크게 작용한다. 담임 교사가 잘 쓰라고 한마디라도 보태면 결과는 매우 달라진다. 굉장히 민감한 주제이지만 또 한편으로 진지하지 않은 평가가 진행되는 것이다.

두 번째, "우리 학교에서 제공하는 음식의 간은 적당하다고 생각하십니까?" 이 문항의 아래에는 '우리 학교 국의 염도는 0.5~0.6%로 제공하고 있음'이라는 문구를 적어 놓았다. 학교급식 국염도의 기준이기도 하다. 기준에 알맞은 염도로 제공하는 음식의 간을 왜 물어보는가. 답은 제각각이다. 짜다는 학생과 싱겁다고 답하는 학생. 가정에서의 식습관의 영향으로 입맛이 다르게 형성되었기 때문일 것이다. 이러한 조사를 통해 얻는 것은 무엇일까? 짜다는 학생이 한 명이라도 많으면 염도를 낮춰야 하는가. 학교급식 기준량이 분명 제시되어 있으며 영양 교사와 조리사는 그것대로 운영하고 있다. 이것은 불필요한 질문이다.

세 번째, "우리 학교에서 사용하고 있는 식재료는 신선하고 품질이 좋은 것을 사용한다고 생각하십니까?" 이것은 또 무슨 얘기인가. 학생들이 검수도 하지 않고 식재료가 신선하고 품질이 좋은지를 어떻게 평가할 것인가. 영양 교사로서도 식품 검수는 고도의 기술이 필요한 일이다. 그리고 하루에 들어오는 식재료의 종류는 20여 가지에서 30여 가지에 이른다. 어느 식재료를 기준으로 신

〈학교급식 만족도 조사〉

※ 다음 각 내용을 읽고 "그렇다"고 생각하는 또는 "만족하다"에 해당되는 정도에 ○표 하여 주십시오.		전혀 그렇지 않다	그렇지 않다	보통 이다	그렇다	매우 그렇다
영양 관리	1. 우리 학교 급식은 **건강과 올바른 식습관을 만들어 주는 데 도움을 준다**라고 생각하십니까?					
	2. 우리 학교에서 제공하는 **음식의 간은 적당**하다고 생각하십니까? ※ 우리 학교 국의 염도는 0.5~0.6%로 제공하고 있음					
위생 안전 관리	3. 우리 학교에서 사용하고 있는 식재료는 신선하고 품질이 좋은 것을 사용한다고 생각하십니까?					
	4. 우리 학교 급식은 **위생적이고 안전**하다고 생각하십니까?					
	4-1 (전혀/그렇지 않다고 응답한 경우) 이유는 무엇입니까?(복수 응답 가능) ① 식기류(식판 등)가 청결하지 않아서 ② 식당이 청결하지 않아서 ③ 급식 시설이 낡아서 ④ 이물질이 나와서 ⑤ 기타( )					
영양· 식생활 교육	5. 우리 학교에서 운영하는 영양·식생활교육(영양 수업, 식단 표시제, 비만, 당·나트륨 저감화, 음식물 쓰레기 줄이기, 불량 식품 근절 등)이 도움이 됩니까? ※ 모든 학년 영양 수업 실시, 교육 자료 학교 홈페이지 게시					

영양·식생활 교육	5-1 (전혀/그렇지 않다고 응답한 경우) 이유는 무엇입니까?(복수 응답 가능) ① 관심이 없어서 ② 내용이 너무 어려워서 ③ 기타( )					
	6. 우리 학교는 올바른 **식사와 배식 지도**에 관해 담임 선생님이나 영양 선생님이 지도를 해 주신다					
급식 운영	7. 우리 학교는 급식 운영과 관련하여 **소통이 잘된다**고 생각하십니까?					
	7-1. (전혀/그렇지 않다고 응답한 경우) 이유는 무엇입니까?(복수 응답 가능) ① 의견이 잘 반영되지 않아서 ② 의견을 제시할 수 있는 방법을 몰라서 ③ 기타( )					
	8. 우리 학교 급식에 **전반적으로 만족합니까?**					
	8-1. (매우/그렇다/보통) 만족한 이유는 무엇입니까?(복수 응답 가능) ① 식단이 다양함 ② 좋아하는 음식이 나와서 ③ 급식 종사원이 친절해서 ④ 음식이 맛있음 ⑤ 급식이 위생적이어서 ⑥ 기타( )					
	8-2. (전혀/그렇지 않다) 불만족한 이유는 무엇입니까?(복수 응답 가능) ① 식단이 다양하지 않음 ② 싫어하는 음식이 나와서 ③ 해당 없음(표기 오류) ④ 음식이 맛없음 ⑤ 급식이 비위생적이어서 ⑥ 기타( )					

선한지 또는 그렇지 않은지를 판단할 수 있을까? 그것도 학교급식 식재료를 한 번도 제대로 관찰해 본 경험이 없는 학생으로서 식재료 신선도를 평가한다는 것은 어불성설이다. 이 또한 평소에 맛있게 먹었다면 신선하다고 점수를 주고 평소에 불만이 많았던 학생들은 '매우 신선하지 않음'으로 평가하기 십상이다.

네 번째, "우리 학교 급식은 위생적이고 안전하다고 생각하십니까?" 위생적이라는 말은 어느 정도 학생들도 이해할 수 있는 말이다. 그러나 '안전'이라는 말은 어떤가. 이 낱말은 식중독 사고로부터 안전한 급식인가를 묻는 물음이라는 것을 어느 학생이 알아차릴 수 있을까? 이 물음에 어김없이 나오는 대답은 머리카락, 애벌레 등 이물질 이야기다. 이물질이 들어 있으면 불쾌할 수 있지만, 이물질이 곧 비위생적인 환경임을 증명하거나 식중독 사고로 이어지진 않는다. 이 질문은 급식하면서 불쾌했던 경험을 회상시키는 효과밖에는 없다. 물론 이물질 발견 빈도가 얼마만큼인지가 드러남으로써 조리 종사자들이 작업 과정에 더 주의를 기울일 수 있지만, 이물질이 발견되는 근본 원인 또한 인력 부족임을 부인할 수 없다. 뭐든 손이 부족하여 서두르다 보면 실수가 나오는 법이다.

다섯 번째, "우리 학교에서 운영하는 영양·식생활교육(영양 수업, 식단 표시제, 비만, 당·나트륨 저감화, 음식물 쓰레기 줄이기, 불량 식품 근절 등)이 도움이 됩니까?" 이 문항 아래에는 '모든 학년 영양 수업 실시, 교육 자료 학교 홈페이지 게시'라는 문구가 첨부되어 있다. 그보다 먼저 괄호 안의 내용부터 살펴보자면 영양 수업, 식단 표시제, 비만, 당·나트륨 저감화, 음식물 쓰레기 줄이기, 불량식품 근절 등이라고 나열되어 있다. 우선 나열한 내용에 체계성이 결여돼 있다. 또한 문항 아래 '모든 학년 영양 수업 실시, 교육 자료 학교 홈페이지 게시'라는 문구는 그 의미가 어렵게 느껴질 것이라 생각한다. 보통 설문 조사는 7월 학기 말에 진행하는데 영양 수업은 한 학기에 한 번 실시하므로 학생들은 이미 영양 수업을 언제, 무슨 내용으로 했는지 까맣게 잊어버리는 시점이다. 별로 도움이 될 까닭이 없다. 즉 이 또한 물어보나 마나 한 뻔한 질문이다. 부가 질문을 보면 교육부도 학생들의 이러한 상황을 전혀 모르는 것 같지는 않다. 교육에 불만족하는 이유가 무엇인지를 질문하며 선택지로 '관심이 없어서' 또는 '내용이 어려워서'를 들고 있다. 많은 학생들이 6학년쯤 되면 영양 수업만이 아니라 급식을 '평가'하는 데에도 관심을 잃는다. 그래서 장난처럼, 진지하지 못하게, 아무 답이나 마구 하는 것이다. 이러한 답도 필터링이 될까? 왜 이런 소모적인 일을 할까?

　여섯 번째, "우리 학교는 올바른 식사와 배식 지도에 관해 담임 선생님이나 영양 선생님이 지도를 해 주신다". 담임 교사와 영양 교사 둘 중에 어느 한 사람이 급식 지도를 소홀히 할 경우 이 문항에 어떻게 답해야 할까? 우리 학교에는 나(영양 교사)보다도 더 열심히 급식 지도에 임하는 담임 교사가 있다. 3층 식당을 이용하는데 나는 1층 식당에서 학생 지도 및 배식을 돕느라 3층 급식 지도는 거의 하지 못한다. 3층에서 먹는 학생에게는 영양 교사는 없고 담임 선생님뿐이다. 이런 경우 그 반 학생들은 답을 '그렇다'로 해야 할까, 아니면 '전혀 그렇지 않다'로 해야 할까. 별것 아니지만 잠시 딜레마에 빠질 수 있을 것이다. 그리고 실상은 식사와 배식 지도를 어떻게 하라는 가이드라인도 없다.

일곱 번째, "우리 학교는 급식 운영과 관련하여 소통이 잘된다고 생각하십니까?" 학생들이 생각하는 소통이란 무엇일까? 학생자치회를 통해 학생들이 주로 학교급식에 요구하는 것은 '○○ 음식 해 주세요'와 같은 것이다. 그런데 그 음식이 타협할 수 없는 불량 식품이라 안 된다고 하면 '불통' 영양 선생님이 되는 것이다. 예를 들어 소시지, 마라탕, 회오리감자, 스팸, 랍스타 같은 원산지, 성분, 단가, GMO 식품 등의 제약이 있는 식품들이다.

그리고 앞서 여러 번 언급했듯 학교급식은 '고기와의 전쟁'을 방불케 한다. 고기반찬은 영양 필요량에 따라 제공하면 절대로 만족하지 않는다. 넘치게 주어야 겨우 '좀 먹었다'고 생각하는 것이다. 이를테면 1인당 돼지고기 반찬에 들어가는 고기 양이 50g이면 단백질 공급이 충분하고 도리어 넘칠까 봐 걱정인데* 50g을

---

* 초등학교 1식의 평균 단백질 필요량은 (우리 학교의 경우) 13.73g인데 돼지고기 70g을 가지고 요리를 할 경우 산출되는 고기 속에 있는 단백질은 14.2g이다. 고기 반찬 하나만으로도 단백질 과잉 식사가 되는 것이다. 그 밖에도 다른 음식, 예를 들어 밥, 국, 부찬, 김치, 후식에 들어 있는 단백질 함량을 산술적으로 모두 합하면 필요량 13.73g을 훌쩍 넘긴다. 단백질 과잉 섭취의 유해성은 점차 밝혀지고 있다.

주어선 부족하다고 아우성이다. 그래서 75g 정도로 약 1.5배가량 제공하는 것이 학교급식 현장의 일반적인 상황이다. 한 번 제공할 때 이렇게 많이 주니 자주 제공할 수 없는 것 또한 사실이나 이젠 자주 주지 않는다고 불만이다. 매일 고기반찬이 나오길 기대한다. 식재료비는 2,800원*이고 고물가 시대에 단가에 맞는 건강 식단을 구성하기가 정말 힘이 든다.

그에 더해 교육부는 학생과 소통하고 학부모와 소통하라고 채근한다. 그들의 의견을 듣고 반영하라고 한다. 의미 있는 소통이란 가진 '힘'이 상호 대등한 관계에서 서로에게 좋은 영향을 주어 상생, 발전하는 것을 말할 것이다. 이러한 의미에서 이것은 진정한 소통이 아니다. 영양 교사 의견은 들리지 않고 욕구 충족의 도구로 전락하는 학교급식은 존재 이유부터 다시 논의해야 하지 않을까 생각한다.

여덟 번째, "우리 학교 급식에 전반적으로 만족합니까?" 가장 최악의 문항이다. '전반적'이라는 말을 학생들이 어떻게 해석할까? 전체적으로? 그리고 만족이란?

---

* 급식 단가는 식품비와 운영비로 구성되어 있으며 한 해의 급식 단가는 시·도교육청 내 학교급식심의위원회의 논의를 통해 결정된다. 또한 급식 단가는 급식 인원에 의해 달라지는데 구간별로 차등을 두어 인원수가 적으면 급식 단가가 높아지게 된다. 경기도교육청 소속 초등학교 학생 수 800~1,000명 규모의 2023년도 급식 단가는 식품비 2,800원+운영비 350원 = 3,150원이다.

학교급식에 대한 오해와 이해

학교급식 만족도 조사를 통해서도 알 수 있듯 학생을 급식의 주체, 교육의 주체로 인식하기보다는 음식 소비자 즉 '고객'으로 규정하고, 급식은 그저 이들의 입맛을 만족시켜야 하는 서비스로만 여긴다. 교육부의 학교급식 정책이 그렇고 지자체의 학교급식 지원 정책이 그렇다. 단위 학교 급식 정책도 학생(학부모)의 급식 만족도 향상에만 몰두하고 있는 것이 현실이다. 입맛을 만족시키는 것은 의외로 간단하다. 달고 짜게 만들면 대개 음식에 대한 만족도는 높아진다. 첫 맛의 강한 자극이 있으면 '맛있다'고 느끼기 때문이다. 우리가 외식을 할 때 먹는 음식들을 생각하면 쉽게 이해할 수 있다. 그러나 그렇게 자극적인 음식이 몸에 좋을 리 없다.

이런 척박하고 천박한 사회 인식 속에 묵묵히 학교급식을 담당하는 사람들이 있다. 이상과 현실은 본래 많이 다르다지만, 특히 학교급식에 대한 우리 사회의 몰이해는 담당자의 자부심과 사명감에 매우 나쁜 영향을 준다. 이는 단순히 어느 개인의 자괴감으로 끝나는 것이 아니다. 여기에는 일종의 사회 파괴력이 있다는 두려움마저 느낀다. 실제로 2019년 어느 단체 급식소에서 일하던 영양사는 급식 만족도 조사 결과가 낮다는 이유로 가해진 관리자의 압박을 이기지 못하고 스스로 목숨을 끊기도 하였다.

학부모들 역시 자녀의 편식은 고려하지 못하고 학교급식이 맛이 없다는 혹평을 쉽게 하거나 단순히 아이들 입맛에 맞지 않는 음식을 제공한다는 이유로 학교나 교육청에 민원을 제기하기도 한다. 매일 음식이 담겨 있는 식판 사진을 학교 홈페이지에 공개하고 있는데, 그 사진의 진위를 따지며 학교에 불만을 터뜨리는 학부모까지 나오고 있는 것도 현실이다. 그러나 학교급식 검수 모니터링 제도를 통해 이른 아침 학교에 와서 급식품 검수를 참관해 보면 무척 놀라는 학부모들이 많다. 후추나 설탕 등 우리나라에서 생산되지 않는 식재료를 제외하면 모두 국산 식재료를 사용하고 있는 것을 확인하고는, 집보다도 더 좋은 식재료를 사용한다며 놀란다. 더구나 수입 상품의 경우에도 공정 무역 제품을 사용하고 국내산의 경우 유기농이나 무농약 농산물 그리고 무항생제 축산물 등을 사용하는 것을 보고는 더욱 놀라고 한편으로는 안심하며 돌아가곤 한다. 이런 활동의 가장 큰 의미 중 하나는 맛에 대한 평판의 실체를 확인하는 것이다. 우리 학교를 비롯해서 많은 학교가 학교급식 시식회를 통해 학부모에게 아이들과 똑같은 음식을 경험케 하는 행사를 하는데 이를 통해 학교급식의 맛 문제가 곧 아이들의 편식 문제였음이 드러난다. 학교급식 시식회를 하는 날뿐만 아니라 학부모가 교육 활동을 위해 봉사 활동을 하는 날에 학교장 업무 추진비를 활용하여 학교급식을 먹도록 배려하자 학교급식에 대한 이해의 폭이 넓어지고 불신도 줄어들거나 점점 사라지는 것을 볼 수 있었다.

특히 저학년 학부모는 아이들의 학교생활에 관심과 기대가 많다. 그만큼 아이들을 관찰하고 반응을 전해 주는 데 적극적이기도 하다. 그들은 대부분 학교급식에 대한 만족도가 높다. 먹지 않던 김치를 먹는다거나 나물 맛을 알아 가며 밥을 잘 먹는다고 기뻐한다. 심지어 어떤 학부모는 아이가 집에서 똑같이 해 달라는 데 레시피 좀 알려 달라고 문의하기도 하며, 학교에서 알려 준 대로 했으나 아이가 '그 맛'이 아니라고 투정한다며 난색을 표하기도 한다.

학생이든 학부모든 학교급식에 대한 이해가 높아지면 불만도 줄어들고 신뢰가 생긴다. 학교급식을 소비자 마인드로 접근하도록 조장하고 학교급식에 대한 책임을 오롯이 영양 교사 1인에게 떠넘기게 만드는 '학교급식 만족도 조사'보다는 학생과 학부모들이 학교급식에 대해서 잘 알 수 있게 하는 기회가 더 많아져야 하지 않을까.

학교급식,
교육으로 바로 세우기

급식교육과 밥상머리 교육

급식 업무를 보면서 맨 처음 들었고 가장 많이 들었던 말이 '밥상머리 교육'이라는 말이다. 아마도 사람이 밥상을 마주하면서 가져야 할 마음가짐, 태도, 행실 등을 포괄하는 식사 예절을 가리켰을 것이다.

매우 중요한 것이지만, 밥상머리 교육 하면 일반적으로 떠오르는 이미지는 부잣집에서 많은 반찬을 차려 놓고 어른들과 마주앉아 밥을 먹는 모습이다. 그러나 이는 밥 한 끼를 온전히 먹을 수 없는 사람들에겐 공염불일 수 있다. 그리고 불과 50년 전만 해도 대부분의 국민은 가난했다. 먹을 것이 항상 부족하니까 이것저것 가려 먹을 것도 없이 그저 차려진 밥상이 고마울 뿐, 허기진 배를 채우는 것만으로 만족해야 했다. 여기서 밥상머리 교육의 실체는 상실된다. 그래서 나는 '밥상머리 교육' 하면 약간 허상처럼 여겨지고 학교급식과 밥상머리 교육의 연결고리가 잘 만들어지질 않았다.

우리가 흔히 떠올릴 수 있는 밥상머리 교육의 내용을 살펴보자.

첫째, 어른보다 먼저 수저를 들면 안 된다. 이는 장유유서의 유교 질서에서 유래한 말일 것이다. 오늘날 정확하게 들어맞을는지 모르겠다. 아마 요즘 정서로는 '가장 먼저 수저를 들어야 하는 사람은 누구인가'라는 질문에 '동시에 들면 되지'라든가, '가장 배가 고픈 사람'이라는 답이 튀어나올지도 모르겠다.

둘째, 먹을 때 쩝쩝거리는 소리를 내면 다른 사람들에게 불쾌감을 줄 수 있으니 주의해야 한다. 지금은 '혼밥'이 일반화된 시대다. 쩝쩝거리던 홀짝거리던 '내 맘대로 식사'하는 사람이 많을 것이다.

셋째, 반찬을 뒤적이지 않는다. 뷔페식 문화에 익숙해진 마당에 뒤적이면 안 된다는 말 자체를 이해할까 싶다. 물론 위생 문제 때문에 만들어진 예절 문화라서 코로나19를 지나온 지금, 어쩌면 잘 지켜질 수도 있을 것이다.

넷째, 편식을 하면 안 된다. 편식이란 영양 교사에게 가장 어려운 숙제다. '편식이 왜 나쁜가'라는 질문을 하는 의도에는 편식을 하겠다는 뜻이 내포돼 있어서 무척 도전적인 느낌이 든다. 학부모들은 노골적으로 편식 교정 지도를 하지 말아 달라는 요청을 하기도 한다. 학교급식을 하는 이유 중 하나가 편식 교정에 있는데 말이다.

다섯째, 음식 그릇을 깨끗이 비워야 한다. 이 교훈은 오늘날 그 가치가 더욱 높아졌다. 음식물 쓰레기를 만들어서 마구 버리는 것은 기후 위기를 재촉하는 삶의 방식이다. 기후 위기는 차치하고라도 밥 한 톨, 풀 한 포기도 나의 밥상에 오르기 전까지는 귀한 생명이었다. 어떻게 함부로 버릴 수 있을까. 지구촌에서 함께 살아가는 생명체로서 다른 생명의 희생물을 아무렇지도 않게 폐기하는 것은 폭력 행위와 다를 바 없다.

여섯째, 다 먹은 후 밥상 앞에서 트림이나 방귀 소리를 내지 않아야 한다. 이것 역시 지금까지도 유효한 식사 예절이다. 타인에게 불쾌감을 불러일으키는 행위는 자제하는 것이 옳다.

일곱째, 어른이 수저를 내려놓은 후 수저를 따라서 내려놓아야 한다. 이것 또한 맨 처음에 언급한 것처럼 요즘 아이들에게 이야기하면 한마디로 '헐~!' 하며 이해하지 못할 것이다. 나 또한 이러한 인습은 새로운 방식으로 정리돼야 한다고 생각한다. 당연히 가장 먼저 먹은 사람이 수저를 가장 먼저 내려놓는 것이 맞다.

여덟째, 부득이하게 함께 먹는 식탁에서 자리를 떠나야 할 경우에는 먼저 일어나겠다는 인사를 해야 한다. 이것은 지금도 잘 지켜져야 하는 행동이다. 함께 둘러앉아 밥상을 마주하고 식사를 나누다가 먼저 떠나야 한다면 공손하게 이야기하고 일어서는 것이 맞을 것이다.

생각나는 것만 적어도 꽤 많다. 이미 시대에 맞지 않는 것도 있고 현재에도 유효한 것도 있다. 학교급식 현장에 적용해 볼 만한 것도 있는가 하면, 단체 급식인 학교급식과는 동떨어진 것도 있다. 학교급식에는 학교라는 공간과 단체 급식이라는 성격에 맞는 급식교육론을 다시 만들어야 할 필요가 있다.

학교급식에서 지켜야 할 예절

밥상머리 교육과는 다른, 학교급식에서 지켜야 할 예절은 무엇일까.

오래전에 있었던 일이다. 2011년 경기도 남양주에서 세계 유기농 대회를 개최했는데, 그때 우리나라를 방문한 덴마크, 대만, 일본 사람들이 내가 근무하던 학교를 방문하여 우리나라 학교급식을 먹어 보고, 간담회를 가진 적이 있었다. 그때 학교급식 현장을 체험한 덴마크인이 나에게 두 가지 질문을 했다.

첫 번째는 학생들이 왜 그렇게 밥을 빨리 먹느냐는 것이었다. 자기 나라에서는 밥을 다 먹는 데 최소 30분 정도 소요된다고 했다. 그때 학생들은 10분도 안 돼서 밥을 먹고 식당을 빠져나갔기 때문이다. 딱히 답변할 말이 없어서 생각해 낸 것을 두 가지로 설명하였다. 하나는 학생들이 활기찬 나이라서 운동장에서 놀기 위해 밥을 빨리 먹는 것에 익숙해진 것이라고 답하였다. 그러나 이 말은 반 정도만 맞는 말이었다. 운동장에서 놀기 위해 밥을 빨리 먹는 경우는 주로 축구를 좋아하는 아이들 정도다. 솔직하게 말하자면 밥을 빨리 먹는 가장 큰 이유는, 전교생이 함께 먹기에는 식당이 작아서 먼저 먹는 학생들이 빨리 먹고 자리를 내주어야 하기 때문이다. 사실 이것이 더 적절한 원인일 것이다. 그래서 '느림보'들에겐 급식 시간이 괴로운 시간이다. 밥이 입으로 들어가는지 코로 들어가는지 모를 정도로 바삐 먹어야 할 때가 많다. 이 문제를 해결하기 위해서는 충분한 시간 확보가 필요하다. 점심시간을 현재 50분에서 100분으로 늘리는 것은 어떨까? 넉넉한 점심시간은 급식자나 피급식자 모두를 여유롭게 할 수 있을 것이다.

두 번째 질문은 학생들이 밥을 먹으면서 왜 그렇게 큰 소리로 말을 하는가 하는 것이다. 이에 대해서는 정말로 이유를 찾지 못하다가, 스테인리스 식판과 수저 부딪히는 소리가 요란하니까 공간이 시끄러워지고 말소리에 간섭이 생겨서 잘 들리지 않으므로 크게 말하는 것이라고 대답했다. 질문을 한 외국인은 금세 이해했다는 표정을 지어 보였다. 그러고는 식판을 구입할 수 있느냐고 물었다. 나는 기꺼이 선물로 주겠다며 식판 두 장과 수저 두 벌을 에코 백에 담아 주었다. 나는 외국인들과의 간담회 이후, 학생들이 지켜야 할 식당 규칙 한 가지를 더 추가했다.

우리 학교 식당 규칙을 열거하면 이렇다.

　첫째, 한 줄 서기(새치기하지 않기)
　둘째, 식판과 숟가락, 젓가락을 던지지 않기
　셋째, 식판 깨끗이 정리하기
　넷째, 감사의 인사 하기

여기에 한 가지를 보탠 것이다.

　다섯째, 소곤소곤 말하기

즉 큰 소리로 말하지 않기다.

　사실 아이들이 큰 목소리로, 자기 목소리의 강약을 조절하지 못하고 소리를 지르다시피 말하는 것은 어쩌면 그들의 목소리에 귀 기울이는 것에 모두, 특히 어른들이 소홀했기 때문인지도 모른다. 가끔은 학생들이 자기의 얘기를 들어 달라고 아우성치는 것처럼 보인다. 가정이나 학교에서 친구들과 교사들이 그의 한마디, 작은 소리에도 관심을 가지고 들으며 소통한다면 왜 힘들게 소리치겠는가. 작은 목소리에 귀 기울이기 위해 마주 서는 것은 교육의 시작점일 것이다.

　그나저나 식당에서 지킬 일을 나열하니 참 많고 복잡하다. 자칫 억압적이고 비민주적인 현장이 되기 쉽다. 얼마 전 우리 학교

6학년 학생들이 창작극을 연기했는데 연극 제목이 '질서법 저항 혁명'이다. 연극의 주 내용은 '점심 식사를 친한 친구와 하고 싶다. 한 줄로 세우지 말고, 모둠별로 먹지 말고 오는 순서대로 자유롭게 먹자'고 제안하는 것이었다. 학생들이 법과 질서, 자유를 배우게 하기 위한 연극 수업이었지만 소재가 급식이니만큼 내게는 의미심장했다.

이렇게 학교급식은 자유, 또는 자율보다는 억압에 익숙하게 되는 단점이 있다. 그럼에도 불구하고 음식 즉 생명을 직접 가르칠 수 있는 도구로 학교급식만 한 것이 또 있을까? 생명을 공부하는 데 식물 가꾸기나 동물 기르기, 자연 관찰 일기 쓰기 등 많은 교육 방법이 있을 것이다. 이러한 교육 방법은 좋아하는 사람과 흥미를 느끼지 않는 사람이 나뉜다. 그러나 음식을 먹지 않고 생명을 유지할 수 있는 사람은 단 한 명도 없다. 그리고 우리가 먹는 음식이란 다른 생명의 희생을 바탕으로 만들어진다. 음식에 대한 근본적인 사유에 닿으면 숭고해지기까지 한다.

학교급식의 또 다른 의미, 전통 문화의 계승

학교급식이 담당해야 할 교육적 역할 중 하나로 빼놓을 수 없는 게 '전통 식문화의 계승 발전'이다. 학교급식 식단 구성의 원칙 중 첫째가 바로 이것이다. 전통 식문화를 계승 발전시키려면 어떻게 해야 하는가? 학교급식 현장은 지금 이 원칙을 지키기 어려운, 척박한 환경이 돼 가고 있다. 신규 교사나 비교적 경력이 짧은 젊은 교사들, 도시에서만 자라고 토속적인 음식이나 전통 음식을 많이 경험하지 못한 교사들의 입맛도 학생들의 지독한 편식 습관과 크게 다르지 않기 때문이다.

우리 학교는 전국에서 드물게, 귀하게 생산된 유기농 김치를 제공하고 있다. 물론 가격도 일반 김치에 비해 비싼 편이다. 유기농 김치는 김치에 사용되는 주재료와 양념 등을 유기 농산물과 무농약 농산물로 만든다. 김치를 담글 때 어떠한 첨가물도 넣지 않은 깨끗한 김치다. 이렇듯 귀한 김치를 한 입도 먹지 않고 그대로 음식물 쓰레기통에 버리기 일쑤다. 정말 마음이 아프다. 김치를 먹지 않는 아이들일수록 채소 반찬은 더욱 기피하고 육류 반찬을 몹시 좋아하는 경향이 있다.

어떤 아이는 배식을 할 때 김치를 받는 것을 거부하고 대신 고기반찬을 두 배로 달라고 노골적으로 요구하기도 한다. 이것은 단체 급식의 범위를 넘어서는 무리한 요구다. 현재 일반적인 단체 급식은 정해진 단가, 대체로 빠듯한 예산으로 밥부터 과일 조각까지 균형 잡힌 한 끼를 제공해야 하기 때문에 어느 한쪽 배식에 균형이 깨어지면 연동돼서 다른 음식들이 남거나 부족해진다. 그런데 많은 아이들이 김치 등 채소 반찬은 기피하고 고기반찬은 더 많이 달라고 하면 배식하는 사람은 난감한 상황에 놓이게 된다.

식단을 구성한 영양 교사 입장에서는 많은 고민 끝에 어렵사리 영양소 균형을 맞추어 식단을 제공했는데, 골고루 섭취하지 않으면 너무나 슬프다. 힘들여 공부한 영양학의 허점을 매일 겪으며 괴로워한다. 김치를 잘 먹지 않는 아이들은 김치 대신 단무지나 피클을 선호하는 경향이 있다. 물론 단무지나 피클도 좋은 음식이고 필요한 음식이다. 그러나 전통을 잃어 가고 외국 방식의 식생활을 지나치게 추구한다면 앞으로 한국인의 정체성은 어떻게 형성될지 걱정이다.

음식이란 인간과 자연을 가장 직접적으로 이어 주는 매개물이다. 인도의 생태운동가 반다나 시바는 다음과 같이 말하고 있다.

음식에 관한 질문은 앞으로 인류가 지구 공동체Earth Community의 구성원으로서 살아갈 것인지, 아니면 농업의 생태적 토대를 파괴하며 스스로를 자멸의 길로 몰아갈 것인지를 묻는 생태적 질문이기도 하다. 음식에 관한 질문은 또한 우리의 식문화, 우리의 정체성, 그리고 우리의 장소 감각과 토박이성에 관한 문화적 질문이기도 하다.*

---

* 반다나 시바, 우석영 옮김(2017),《이 세계의 식탁을 차리는 이는 누구인가》, 책세상, 28쪽.

버려지는 음식물을 줄이기 위한 노력들

학교급식에서 가장 큰 문제는 '음식물 쓰레기 발생'이다. 그러나 이것 역시 급식교육을 통해 줄이거나 없앨 수 있다.

먼저 학교급식에서 왜 음식물 쓰레기가 많이 발생할 수밖에 없는지 살펴봐야 한다. 단체 급식은 1인 분량이 정해져 있기 때문에 앞사람에게 너무 많은 양을 배식하게 되면 뒷사람은 먹지 못하는 난처한 상황이 발생한다. 그런 일에 대비하여 어쩔 수 없이 1~5% 정도의 분량을 더 준비하지만 반드시 남게 된다. 그것은 음식물 쓰레기가 되고 이를 처리하기 위해 비용이 발생하므로 결과적으로 예산을 낭비한 것이 된다. 또 예산이 한정되어 있는 상황에서 양을 늘리려면 1인분당 단가는 줄어들 수밖에 없다. 이것이 단체 급식, 학교급식에서 한 명에게 한없이 많은 양을 줄 수 없는 이유다. 물론 적게 먹는 사람도 분명히 있다. 그러나 적게 먹는 사람이 있다고 해서 또 임의로 제공량을 줄이면 법정 영양량을 맞출 수 없는 문제가 있다.

특정 질병이 있어서 식이요법이 필요하거나 비만 치료를 위해 특별히 적게 먹어야 하는 경우는 논외로 하고 학교급식은 각 구성원에게 필요한 영양량을 산출하고 그 평균값으로 준비하여 생애 주기별로 알맞은 분량의 음식을 구성원 연령에 따라 차등하여 제공한다. 따라서 배분하는 음식을 모두 먹어야 필요한 영양소를 모두 섭취하는 것이며 그래야 신체의 성장·발달과 유지가 원활하게 이루어질 수 있다. 간혹 여러 가지 사정에 따라 받은 음식을 다 먹지 못하고 버려야 할 때가 있다. 이럴 때는 미안한 마음을 가져야 한다. 먼저 가장 먼저 자기 자신에 대해 미안하게 생각해야 할 것이다. 왜냐하면 급식으로 제공되는 음식을 남김없이 잘 먹어야 건강한 몸과 마음을 기르는 데 도움이 될 텐데 주어진 음식을 다 먹지 않으면 그만큼 신체 성장에 도움이 되지 못하거나 심지어 허약해질 수 있기 때문이다. 또 미안한 마음을 가져야 할 대상은 부모님, 선생님 등 주변 어른들이다. 누구보다 아이들이 급식을 잘 먹고 잘 자라기를 바라는 마음을 가진 분들께 걱정을 끼치는 일이기 때문이다. 다음으로 음식이 자신 앞에 오기까지 힘들여 생산한 농부들, 운반해 준 사람들, 조리하여 나누어 주는 조리종사자 등 그물망처럼 얽혀 수고하는 모든 사람들께 미안한 마음을 가져야 한다. 마지막으로 음식물 쓰레기를 만듦으로써 지구 환경을 나쁘게 한 것을 깨닫고 지구에게 미안해해야 한다. 음식물 쓰레기는 지구 환경을 오염시키는 여러 가지 원인 중에서 아주 큰 비중을 차지하기 때문이다.

음식물 쓰레기를 줄이기 위한 교육을 할 때 나는 이렇게 접근한다. 먼저 급식을 받기 전에 자기 자신의 몸을 감각적으로 느껴 본 다음 얼마나 먹을 수 있을지를 가늠하게 한다. 그리고 적당히 알맞은 양을 요구하는 것이다. 먹어 보니 맛이 좋아서 더 먹고 싶다면 대개는 조금 더 요청해서 먹을 수 있다. 많이 먹을 수 있을 듯하여 음식을 처음부터 많이 받은 경우에는 어떻게 해야 하는가. 대부분이 이런 상황일 텐데 최대한 음식을 먹도록 노력해야 한다. 밥과 국, 반찬류와 김치, 후식까지 그 하나하나의 경로를 따라 내 앞에 오기까지 거쳤을 수많은 사람들의 손길과 수고를 생각한다. 그러면 한 술이라도 더 먹게 되고 심지어 그 음식이 맛있어지기도 한다. 학교급식 1인 분량이라는 게 억지로 먹었을 때 '탈'이 날 정도로 많은 양이 결코 아니다. 그리고 마지막까지 먹었으나 남았을 경우에는 식판을 깨끗이 정리한다. 미안한 마음을 듬뿍 담다 보면 절로 깨끗이 정리하게 된다.

이러한 태도가 하루하루 쌓인다고 생각해 보라. 학교급식을 통한 태도 변화는 충분히 가능하다.

'모두 발표'를 통한 말 걸기, 말하기

실제 수업을 통해 풀어낼 수 있는 급식교육, 영양교육의 소재는 무궁무진하다. 1학기 수업에서는 주로 학교급식(시스템)에 대한 학생들의 생각을 먼저 듣고 학교급식 개념과 목적을 설명하며 내 생각을 보탠다. 2학기에는 개인의 건강·영양 문제와 사회적 및 지구 생태, 환경 이야기를 매일 접하는 먹거리와 연결하여 풀어낸다.

수업을 듣는 동안 모든 아이들이 눈을 동그랗게 뜨고 집중하여 내 이야기에 귀를 기울인다. 내 수업 규칙이 '모두 발표'이기 때문이다. 수업에 열중할 수 있도록 발표 기회를 균등하고 공평하게 분배한다. 물론 발표 시간, 발표하는 내용(주제) 등을 정하는 주체는 나이다. 이것은 나에게 한 학기에 한 번, 즉 상대적으로 매우 짧은 40분밖에 주어지지 않기 때문에 어쩔 수 없다. 어물거릴 시간이 없으므로, 내가 정한 규칙을 강제적으로 적용하는 것이다. 강제라고 하면 비민주적이라고 생각할 것이다. 당연히 민주적인 수업 설계는 거의 불가능하다. 따라서 나는 '모두 발표'라는 수업 원칙을 이러한 비민주성을 보완하는 장치로 쓴다.

학기당 영양 수업을 단 한 차시만 진행하지만, 영양 수업 후 식당에서 학생들을 만나면 서로 오랜 벗, 친숙한 벗을 만나듯이 굉장히 반갑게 인사한다. 그 반가운 내색이 놀라울 정도다. 학생들은 봄기운에 돋아나는 신록의 이파리들처럼 내 앞에서 영롱하게 빛난다. 정말 모든 아이들이 빠짐없이 나와 마주하며 알은체를 하는 것이다.

특히 저학년과 중학년 학생들은 영양 수업이 또 언제 있느냐며 나의 수업을 기다린다. 아마도 내가 그들의 잘 말을 '들어 주기' 때문일 것이라 생각한다. 나는 묻고 학생들은 답을 한다. 어떤 엉뚱한 대답을 하든지 나는 긍정적인 반응을 보이며 그 학생의 답을 흡수하고 재해석한 후 가치를 얹어 모두에게 들려준다. 적절한 칭찬의 말과 함께 말이다. 어떤 경우에는 전혀 말을 하지 않는 학생을 만난다. 그러면 잠깐 기다리다가 내가 말한다.

"너는 생각이 깊은 친구 같다. 생각할 시간이 조금 더 필요한 것 같으니 나중에 할 말이 생각나거든 손으로 표시하고 그때 발표하면 좋겠다."

대개는 수업이 끝나기 전에 자신이 할 말을 찾는다. 그러나 끝까지 말을 하지 못하는 학생에게는, 깊이 생각하길 요청하며, 나중에 식당이나 어디서든 나를 만나면 살짝 얘기해 주기 바란다고 정중히 요청하기도 한다.

이러한 수업을 진행하기에 사실 1차시로는 부족하다. 그래서 학교 측에 한 학기에 2차시를 요구한 적이 있었다. 1차시 때 이야기 나누고 일주일간 식당에서의 학생들 행동이나 태도를 자세히 관찰한 후 다시 관찰한 내용을 토대로 수업을 완성하도록 설계하여 실천하고자 했다. 그러나 받아들여지지 않았다. 영양 수업은 하지 않아도 문제가 없는 비교과이고 영양 수업 말고도 해야 할 수업이 많다는 이유였다. 참으로 답답하고 안타까웠던 경험이다.

학교급식을 교과 또는 교육과정에 온전히 포함하고 있지 못한 교육 제도의 한계에는 보다 전략적이고 조직적으로 접근해야 한다. 급식교육이라는 언어 사용의 일반화를 꾀하는 것부터가 그 시작점이 될 수 있다. 급식을 통한 교육이라는 의미를 담기 위해 '급식교육' 내지 담당 교사가 영양 교사라는 정체성을 확고히 하기 위해 '영양교육'이라 명명해야 한다. 그러기 위해서는 급식교육의 정의부터 바로 세워야 한다.

수업을 통해 학생들을 만난다는 것의 의미

영양 수업 시간을 통해 학생을 만난 경험이 있는 영양 교사들은 이구동성으로 말한다. '수업이라는 게 이렇게 힘이 있는 줄 몰랐다', '수업을 통해 학생들을 만나고 나면 먹는 모습과 먹는 양이 확연히 달라짐을 느낀다', '학생들과의 관계 형성이 급식을 지도하는 데 많은 도움이 된다', '수업을 통해 학생들을 만나고 나니 음식물 쓰레기를 함부로 버리지 않고 굉장히 미안한 마음을 갖는 것 같다'. 정말 많은 일화와 함께 소감을 쏟아 낸다. 영양 수업을 통해 학생 식생활 태도에 변화가 일어나 큰 보람을 느낀다는 영양 교사도 많다.

영양 교사 제도가 없었던 2007년 이전의 「학교급식법」상에는 "학교급식은 교육의 일환으로 운영되어야 한다"는 운영 원칙과 관리 기준이 담겨 있었다. 그러나 개정된 현행법에서는 교육의 일환으로 운영한다는 원칙이 사라졌다. 운영 원칙과 관련한 것은 단지 「학교급식법 시행령」에 "수업일의 점심시간에 제공하는 것을 원칙으로 한다"라고 명시한 것뿐이다. 이것은 학교급식의 진보일까, 퇴보일까? 깊이 생각해야 할 부분이다. 그리고 학교급식은 교육의 일환이라는 운영 원칙으로 돌려놓아야 할 것이다.

조리 노동자와
관계 맺기

학교에는 다양한 노동자가 있다

학교급식에 관여하고 있는 노동자를 헤아려 보자. 정책 입안자인 교육 공무원들이 있다. 그리고 학교급식을 현장에서 실천하는 노동자는 영양 교사, 영양사가 있다. 아마도 우리 사회에서 '학교급식 노동자'로서 눈에 가장 잘 띄는 분들은 1년에 두 번 정도 임금 교섭이나 근로 조건 개선을 위해 파업권을 행사하는 조리 노동자들일 것이다. 그러나 그림자 노동으로서 이들의 헌신과 기여에 대한 인식은 부족하다. 이들이 파업을 할 때마다 '집단 이기주의다', '학생을 볼모로 잡는다'는 비난과 욕설이 난무하는 것이 현실이다.

전국교직원노동조합 영양교육위원회는 전교조 산하 여러 위원회 조직 중 하나로 전국의 영양 교사 조합원으로 이루어져 있다. 학교급식 식단 구성의 원칙을 지켜 내고, 기후 위기 시대를 건너면서 먹거리 선택의 기준을 고민하며, 학교 현장에서 학교급식을 참교육 활동으로 실천하기 위해 2019년에 결성하였다.

많은 영양 교사 조합원은 '교사도 노동자다'라는 대원칙과 함께 '영양 교사도 교사다'라는 또 하나의 원칙을 확인하고 교사로서의 정체성을 확립하기 위하여 전교조를 선택하였다. 그동안 전교조 영양교육위원회는 우리 사회에 먹거리의 소비 기준을 제시하며 견인하고, 학교급식의 현안을 풀기 위한 투쟁 과업을 세우고 실천하는 활동을 해 왔다.

그러나 전교조 본래의 참교육 운동이 영양 교사의 학교급식교육운동과 잘 맞는가 하는 데는 다소 회의적이다. 영양 교사 조합원 중에는 교사로서의 정체성과 교육 철학이 명료하지 못한 조합원도 있다. 전교조의 역사성과 정치적 입장, 진보성과 투쟁성을 충분히 이해하지 못하고, 일부 언론에 의해 왜곡된 정보로 만들어진 인식이 전부인 경우가 있기 때문이다. 물론 다른 생각을 가졌다고 해서 비난할 이유는 없다. 그러나 문제는 이기적 동기에 의해 조합에 가입하는 사람들이다.* 이들에게 가장 결핍되기 쉬운

---

* 노동조합의 속성상 근본적으로 조합원 개인의 이익을 대변해야 하는 것은 맞다.

것은 바로 노동자성과 노동 철학이다. 이는 많은 영양 교사들이 일반적으로 가지고 있는 문제 중 하나이기도 하다. 우리 시대에 왜 급식 노동이 필요한지, 교사가 왜 노동자인지에 대한 문제의식이 약하다. 물론 어려운 문제다. 학교급식을 잘하고자 하는 데서 현실의 벽이 너무 두껍고 높기 때문에 벽 앞에 부딪혀 넘어지는 일상을 경험하면서도 포기하지 않고 앞으로 나아가려고 애쓰는 것만으로도 영양 교사 한 명 한 명에게 박수를 보내고 싶다.

영양교육위원회는 우리 앞에 놓인 현안 문제를 중심으로 투쟁력을 발휘하여 2019년에는 신규 급식 시스템 도입을 1년 연기하는 투쟁 성과를 냈다.*

무엇보다 전교조 영양교육위원회 결성에서 가장 의미가 컸다고 꼽을 수 있는 것은 영양 교사가 아닌 교사들에게 영양 교사의 존재와 사회적 역할의 의미 등을 알린 것이라고 하겠다.

그럼에도 불구하고 전교조는 시대정신에 따른 대의명분의 중요성 또한 높은 것이 다른 노동조합과 구별되는 지점이기도 하다. 그런데 영양 교사 조합원 중에는 조리 노동자와의 갈등이나, 학부모와의 갈등 해결에 도움을 얻고자 일시적으로 가입했다가 문제가 해결됐다 싶으면 곧바로 탈퇴하는 경우도 있었다.

* 2019년 4월 3일 영양교육위원회가 중앙집행위원회에서 인준되자마자 신규 급식 시스템 저지 투쟁이 시작되었다. 신규 급식 시스템은 3세대 나이스지만 구급식 시스템과는 구분되는 것으로서 각종 자료에 오류가 발생하고 그동안 경력자들이 축적한 자료가 연동되지 않는 등 단점이 너무 많은 프로그램이어서, 교육부가 2019년 6월부터 실시하려던 것을 전교조 영양위의 끈질긴 투쟁으로 2020년 3월로 연기한 바 있다. 그러나 2020년은 코로나19로 인해 2020년 5월 29일에 온라인 개학을 실시하여 신규 급식 시스템 적용은 실질적으로 2020년 하반기에 가서야 오류투성이인 채로 이루어졌다.

모든 학교에 거의 한두 명의 영양 교사나 영양사가 함께 근무하고 있음에도 불구하고, 전교조 조합원조차 본인의 학교에 영양 교사가 있는지, 없는지, 있다면 어떤 일을 하는 사람인지 잘 알지 못하고, 관심도 갖지 못했다는 것이다. 영양교육위원회가 활동함으로써 영양 교사의 존재가 드러나고 영양 교사의 역할과 중요성이 부각되었으며 또한 영양 교사와 영양사의 차이도 알리게 되었다. 이것은 급식운동 진영의 입장에서는 급식교육에 대한 희망을 가지게 되는, 즉 발전적인 방향이 아닐 수 없다.

　　현재 전국에는 11,976개의 학교가 있으며 모두 급식을 실시하고 있다. 그런데 영양 교사는 6,277명 있다. 어림잡아 5,000여 명의 영양 교사가 부족한 것이 현실이다. 이 부족한 수를 영양사가 메우고 있다. 영양사는 교육 공무직으로서 학교급식 운영의 실무 주체이면서도 적정한 보상을 받지 못하고 있다. 영양 교사와 같은 일, 즉 동일 노동을 하고 있으나 동일 임금 체계를 적용받지 못하여 영양사는 매우 적은 급여를 받고 있는 것이다. 또한 영양 교사 중 휴직 등 여러 가지 이유로 공석인 경우는 기간제 영양 교사가 대체 근무를 하고 있으며 이는 공무직 영양사도 마찬가지로 공석일 경우는 대체직 영양사가 근무하고 있다. 이렇듯 학교급식 인력은 운영 실무 주체부터 매우 다양하고 복잡한 구조로 이루어져 있기 때문에 각각의 이해관계가 조금씩 다른 것이 현실이다.

조리 노동자의 건강이 위험하다

학교급식 관련 업무는 영양 교사나 영양사와는 또 다른 직렬인 조리 노동자의 노동 집약적인 노동력이 절대적으로 필요하다. 사실 조리 노동자가 없으면 학교급식은 불가능하다. 그러므로 이들의 파업으로 학교급식이 멈추면 사회적으로 커다란 뉴스거리가 되는 것이다. 이들은 아침 8시 전에 출근하여 식재료를 다듬고, 씻고, 때로는 기계로 때로는 손으로 썰고, 뜨거운 불에서 이들 재료를 맛있게 익히며 조리한다. 조리 방식에 있어서는 가정에서 3~4인 식사를 준비하는 것과 별반 다르지 않을지도 모른다. 물론 기계화되어 있는 공정이 많다. 그러나 단순히 산술적으로 계산했을 때 한 사람의 조리 인력이 100명 또는 그 이상의 음식을 준비해야 하는 것이 현실이다. 무슨 말인가 하면 작업의 절대량이 존재한다는 것이다.

아무리 냉방 장치를 잘 가동한다 하더라도 몇백 명분의 음식을 끓이고, 볶고, 굽고 찌는 등 여러 가지 조리가 진행되면 조리장의 온도는 올라갈 수밖에 없다. 거기에 조리장 바깥 온도가 30℃를 웃돌면 그야말로 찜통더위를 면할 수 없다. 배식 후 세척 작업 또한 100℃에 가까운 뜨거운 물이 분사되면서 1시간이 넘게 식기세척기가 시끄럽게 돌아가고 온갖 조리 용구들이 부딪히며 내는 쇳소리가 끊이지 않고 들리기 때문에 모두 난청이라는 직업병에 노출되어 있다. 그래서 이들의 목소리는 저절로 커진다.

가장 큰 문제는 요즘 사회적으로도 큰 주목을 받고 있는 조리 노동자들의 폐암 발병이다. 가스레인지 등 가스 기구를 이용한 튀김이나 볶음 등을 조리하면서 가스를 점화할 때, 또 가스가 불완전 연소가 될 때 공기 중에 배출되는 일산화탄소가 조리 중 발생하는 수증기와 결합하여 조리흄cooking hume을 만들고 이것이 조리장 안에서 일하는 사람의 폐 속에 흡수되면 폐암의 원인이 된다는 것이다. 실제로 폐암이 산업 재해로 판정받은 사례가 속출하고 있다. 교육부와 교육청 등은 조리 노동 환경의 개선책으로 가스 기구를 전기 기구로 교체하는 사업을 벌이고 있다. 그러나 예산상의 이유로 더디게 진행되니 얼마나 실효가 있을지는 미지수다.

더 중요한 것은 조리 인력의 현실화다. 일반적으로 급식 관련 조리 노동은 상대적으로 짧은 시간이지만 그와 반비례해서 노동 강도는 무척 강하기 때문이다. 그러므로 조리 인력을 지금의 1.5배 정도로 현실화해야 산업 재해로부터 조금은 안전할 수 있다.*

---

* 아침 9시부터 조리 작업을 시작하면 11시 30분까지 2시간 반 동안, 각각의 작업이 그야말로 눈코 뜰 새 없이 바삐 돌아간다. 이후 점심시간 1시간 동안 꼬박 서서 학생들에게 음식을 나누어 주는 배식 작업을 하고 나서야 조금 쉴 수 있다. 그리고 오후 세척 작업 또한 2시간 정도면 끝나지만 노동 강도가 무척 세다. 그래서 산업 재해에 매우 위험하게 노출되어 있어서 언제, 어디서 사고가 일어나도 이상하지 않은 지경이다. 나는 이것을 조리 인력의 배치 기준 상향 조정으로 어느 정도 개선할 수 있다고 생각한다. 영양 교사로서 조리 인력이 많으면 관리의 어려움 또한 있는 것이 사실이지만 그것은 또 다른 성격의 문제이기 때문에 다른 방식으로 풀어야 하고, 당장은 조리 노동자 수가 적은 것이 산업 재해의 가장 직접적인 원인이라 생각한다.

생각해 보라. 두 사람 몫의 일을 혼자 감당하려니까 이리 뛰고 저리 뛰며 서두르다가 큰 재해를 입는 것이다. 뜨거운 물, 고압 스팀, 불, 뜨거운 기름, 가스, 전기, 날카로운 칼, 강하게 돌아가는 자동 칼날, 중량물(부피에 비하여 무거운 물건), 바닥의 미끄러움 등 위험 요소가 집약돼 있는 곳이 대량 급식을 하는 조리장이기에 안전을 위해 더욱 지원이 필요하다.

교육공동체 속 구성원은 모두 선생이다, 학생도 우리를 성장시키는 선생이다

학교급식 관련 노동은 영양 교사, 영양사, 조리사, 조리 실무사, 배식 도우미 등으로 다양하게 분화되어 있으며 이러한 나뉨은 학교급식을 교육으로 세우는 데 걸림돌이 될 수 있다. 교육 조직은 교육자와 학습자로 이루어진 매우 단순한 구조를 갖는다. 교사와 학생, 여기에 제3의 교육 주체로 학부모 등 학생 보호자를 교육 공동체 구성원에 포함시킨다.

그런데 급식은 급식자와 피급식자로 나누면 조리 노동자 대 학생 및 교직원으로 나뉜다. 급식 지도 및 교육을 기준으로 나누면 담임 교사 및 영양 교사 대 학생으로 나누어진다. 여기에서 겹치는 부분이 발생하기 때문에 교육자와 학습자로 단순히 이원화할 수 없게 된다. 또한 조리 노동자, 배식 도우미는 실질적인 조리 및 배식의 주체이면서도 교육 활동(급식교육)에서는 배제되고 있다.

학생들에게 쌀 한 톨에 담긴 농부의 수고로움과 마음을 헤아리고 농부에게 감사한 마음을 가져야 한다고 지도하는데, 하물며 불과 몇 시간 전까지 땀방울 흘리며 뜨거운 불 아래에서 조리 노동에 임한 조리 노동자의 수고에 감사하는 마음을 갖는 것은 너무나 당연하지 않을까. 물론 많은 학교에서 일반적으로 학생들에게 '감사합니다'라는 인사를 '무조건' 하도록 지도한다. 그러나 그것은 소비자가 물건을 구매하고 짧은 형식적인 인사를 건넨 후 업장을 떠나면 곧 깨끗이 잊어버리는 관계 이상도 이하도 아니다.

이렇듯 조리 노동자의 수고에 대한 인식이 부재한 데다 학교급식을 서비스 제공자 대 소비자 구도로 접근함으로써 오히려 조리 노동자에게 온갖 불평불만을 함부로 표출하는 분위기가 조성되기 일쑤다. 그러나 급식으로 제공되는 한 끼 밥은 식사 이상의 의미를 갖는다. 학교에서 제공하는 밥을 매개로 자연을 공부하고 밥을 통하여 생명을 공부할 수 있으며, 밥을 통해 '관계'를 배울 수 있다. 음식은 근원적으로 자연으로부터 오는 것이며 모든 음식은 다른 생명의 희생물이기 때문이다.

시인 김지하는 밥은 하늘이며 하늘을 혼자 가질 수 없듯이 밥은 나누어 먹어야 한다고 노래했다. 이렇듯 밥을 함께 나누어 먹으면서 서로 좋은 관계를 형성하거나 어긋난 관계를 회복하는 등 공동체 의식을 익힐 수 있다. 학생들이 조리 노동자를 인식하건 그렇지 못하건, 또는 그들을 어떻게 인식을 하건 조리 노동자는 이미 거기에 존재한다. 그들의 노동이 있어야 급식이 가능하다는 것을 피상적 인식이 아니라 실존적으로 아는 것이 관계의 중요한 시작이다. 교육공동체 구성원 간의 관계 형성은 가르침과 배움 즉 서로에게 좋은 영향을 미치는 것이 가능하게 하는 기본 조건이 된다.

구성원 모두 서로가 서로를 관심과 애정으로 바라볼 때 건강한 교육공동체가 유지될 수 있을 것이며, 교육공동체의 건강성이 바탕이 되어야 올바른 교육 활동이 가능하리라고 본다. 한 명의 훌륭한 선생도 중요하지만, 여러 명의 선생을 갖는 것이 더 많은 배움과 성장을 기대할 수 있다. 조리 노동자는 학생의 선생이며, 마찬가지로 학생 또한 조리 노동자의 선생이다.

다음은 우리 학교 식당 앞 펼침막에 적어 놓은 시이다.

내 안에 밥을 모시는 마음(작자 미상)

밥을 기다리는 마음

나는 한 일이 없으나
'생명'의 밥을 주시니 감사합니다
이 밥을 사랑하는 농부님들의 손을 통해
오늘 내가 받습니다
고마운 마음으로 먹겠습니다

밥을 내 안에 모시는 마음

거룩한 밥이여!
여기 이 생명의 밥 속에
수많은 귀한 '생명'이 들어 있음을 압니다
이제 나는 진정한 마음으로
밥 한 그릇을 내 안에 모시겠습니다

그릇을 비우는 마음

'생명'의 밥을 내 안에 모신 우리는
세상에 나아가 이웃과 자연의 밥이 되어
건강하고 봉사하는 삶을 실천하며 살겠습니다

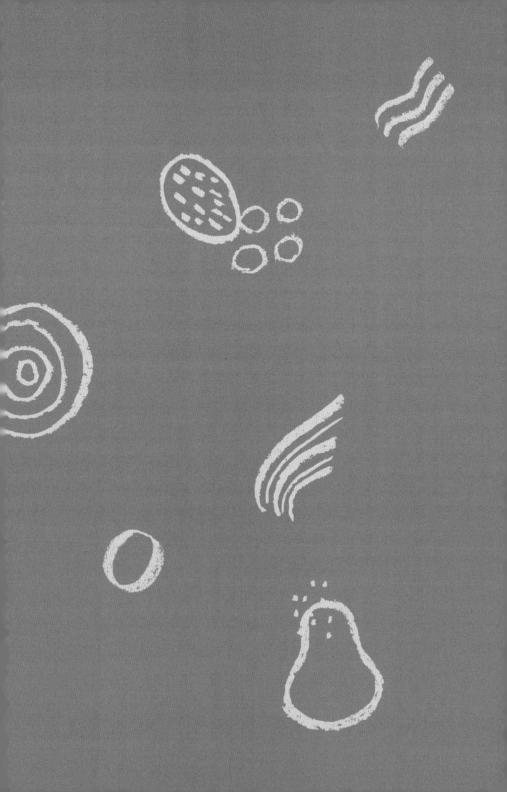

4부

재미있는 영양 수업

학년별
학생들 특징

노랑 병아리 같은 1학년 아이들, 처음으로 학교에서 밥을 먹다

초등학교 급식 시간에는 1학년부터 6학년, 그리고 교직원들까지 백인백색의 다양한 모습을 볼 수 있다.

먼저 1학년 아이들이 학교급식을 만나는 모습은 정말 재미있다. 3월에 막 입학한 아이들의 모습은 햇병아리와 같이 귀엽다 못해 앙증맞다. 대부분의 아이들은 유치원에서 급식을 경험한다. 그러나 일반적으로 유치원보다 규모가 큰 학교급식 현장은 어린 아이들의 감정을 압도하기에 충분하다. 배식을 하기 위해 준비하

고 있는 조리 종사자들이 아이들이 오기를 기다리며 차렷 자세로 식당 문을 뚫어지게 쳐다보고 서 있다. 식당을 들어서자마자 마주하는 사람은 이렇게 흰색 위생복을 입고 흰색 위생 모자를 쓰고 마스크를 하고 있는 조리 종사자들이다. 이 모습이 1학년 아이들에게는 때로 위압적으로 느껴졌을 것이다. 식당이 있는 학교에서 배식을 할 경우 학생들은 교실 앞 복도에서부터 식당 앞 복도까지 한 줄 혹은 두 줄로 줄을 맞춰 행진하며 온다. 심지어 교실과 건물이 다른 경우가 많은데, 그럴 경우 담임 교사는 아이들이 길을 잃고 헤맬까 봐 조마조마해하며 자주 뒷걸음을 한다.

이런 선생님 마음은 아랑곳하지 않고 아이들은 두리번거리다가 앞 친구를 놓쳐 줄을 이탈하기도 한다. 당황한 아이는 학교가 떠나갈 만큼 울며불며 자기 반을 찾느라 허둥댄다. 이럴 때 담임 교사 또한 당황하며 아이를 찾고, 우는 아이를 달래다가 대오가 흐트러진다. 다시 줄을 세우고, 기다리며 장난하는 아이들에게 주의를 주고……. 가뜩이나 밥을 먹는 속도가 느린 아이들이 음식 받을 준비로 시간을 다 흘려보내는 것이다. 급식을 운영하며 배식을 하는 사람의 입장에서는 일분일초가 급해서 조바심이 난다.

도시에 있는 많은 학교는 급식 이용자 수에 비해 식탁과 의자가 턱없이 부족하여 1차, 2차, 심지어 3차까지 나누어 배식하기도 한다. 여기서 1차, 2차, 3차라는 것은 1차로 먼저 먹고 일어서면 그다음 2차로 먹을 학생들이 음식을 받아서 그 자리를 다시 이용하여 식사하는 것을 말한다. 1차와 2차의 간격은 학교에 따라 다르지만 대개 10분 내지 길어야 15분 정도다. 이것은 학생들이 실제 식당을 이용하는 시간은 10분도 채 안 된다는 것이다. 왜냐하면 누군가 먹고 일어난 자리는 식탁을 닦고 소독을 해야 다음 사람이 이용할 수 있기 때문이다. 더구나 코로나19 상황으로 가림판이 설치되었을 때는 음식물이 튀는 일이 부지기수였는데 그 가림 판과 식탁을 닦고 소독할 시간도 충분치 못했다.

1학년 아이들은 보통 1차로 먹게 되는데, 음식을 받는 것부터 다 먹고 일어나서 퇴식 처리를 깨끗이 하고 식당을 나가는 데 걸리는 시간이 고학년보다 훨씬 길기 때문에 식당 이용 시간이 서너 배까지 필요하다. 그런데 배식부터 늦어진다면? 2차, 3차 급식이 연속적으로 늦어져서 학교급식 현장은 그야말로 전쟁터를 방불케 한다. 그러면 1학년 아이들이 2차나 3차로 먹는다면 어떨까? 아이들이 배가 고파서 견디기 어렵고 집중력이 더욱 떨어져 학습 효과를 기대하기가 어려워질 것이다. 담임 교사도 오전 내내 아이들을 가르치느라 지치고 힘들어서 식당에서의 식사 지도를 잘 해내지 못할 수도 있다. 앞에서 말한 건강한 식습관을 길러주기 위한 급식 지도를 수행할 여유가 없는 것이다. 이러나저러나 1학년 급식은 담임 교사에게도, 조리 종사자에게도 무척 부담스러운 일이다.

1학년 학생들은 3월 한 달 동안 이렇게 좌충우돌 교실과 식당을 오가며 학교급식에서 나오는 음식을 접한다. 그래서 1학년 영양 수업은 가급적 3월 첫째 주 내지 둘째 주 안에 모두 마쳐야 한다. 왜냐하면 익숙지 않은 학교급식을 소개하기도 하고 학교라는 낯선 환경에 대한 두려움을 줄이고 호기심을 자극하여 올바른 식생활의 출발을 잘할 수 있도록 돕기 위해서다. 유치원 교육과정에 식생활교육 및 지도 요목이 포함되어 있지만, 구체적으로 수행되지 않고 진학을 하는 경우가 많다. 그 내용 또한 식사 전 손 씻기 정도이다. 또 어리다는 이유로 저작이 전혀 필요 없는 부드러운 음식이나 미리 잘게 자른 음식을 제공하는 경우가 많다. 그러므로 음식을 골고루 먹어야 하는 구체적인 이유는 잘 알지 못하는 듯하다. 그나마 아이들 가정에서 편식 없이 골고루 먹는 습관을 기른 경우 학교급식으로 제공하는 음식을 어려움 없이 잘 먹는다. 그러나 그런 경우는 극히 드물다. 대부분 1학년 아이들의 입맛은 이유식을 막 뗀 아기들처럼 연약하다. 생애 주기별 영양소 섭취량을 고려할 때 너무 적은 양을 먹는 경우가 많아 걱정이다.

장난꾸러기 2학년 아이들 먹는 모습은 어떨까

학년이 바뀌고 1학년 후배를 맞이한 2학년 아이들은 대체로 활기찬 학교생활을 한다. 2학년 아이들은 어리둥절했던 1학년 시기를 무사히 건넜기 때문에 익숙해진 학교생활에서 장난도, 말썽도 제일 많이 벌이는 학년 중 하나다. 점심시간에 먹는 양도 부쩍 늘어난다. 더 먹고 싶은 경우 많이 달라는 말도 제법 잘 표현한다.

한편 음식에 대한 호불호가 점차 강해지는 시기이기도 하다. 이미 먹어 본 음식인데, 싫었던 경험이 기억에 뚜렷하게 남아 있는 것이다. 그러나 언제, 무엇을 먹어 보고 싫다고 하는 것인지 되물었을 때 생각나지 않아 답을 하지 못하면 순순히 받아서 먹어 보는 녀석들이 2학년이기도 하다.

식당에서 위험한 장난을 많이 하거나 친구들과 제법 거칠게 다투기도 하여 눈을 뗄 수 없는 학년이기도 하다. 그래도 대개는 1학년 동안 먹는 훈련이 되어 저작 작용도 좀 더 발달하고 의사 표현도 야물어져서 비교적 잘 먹게 되는 시기가 2학년이다. 장난꾸러기, 말썽꾸러기들이지만 에너지가 넘쳐서 식당 규칙도 아주 잘 지킨다.

골고루 먹어야 한다는 것, 밥풀 한 톨도 남기지 않고 다 먹어야 한다는 것은 이들에게 진리에 가깝다. 받은 음식이 남을 경우 식판을 깨끗이 비워야 한다는 믿음을 지키기 위해 한참을 자리에서 일어나지 못하는 아이들도 있다. 그러다 식판 정리에 대한 이해가 깊어지고 어렵지만 열심히 실천하여 습관이 되면 점점 깨끗하고 빠르게 정리하게 된다.

먹성 좋은 3학년 아이들! 과식을 걱정하다

3학년 아이들은 자신과 세상이 분리되지 않은 자기중심성에서 서서히 벗어나는 과정에 있다. 자신의 눈으로 세상을 바라보기 시작하여 질문이 많아지고 자기정체성에 눈뜨는 시기이기도 해서 '나는 진짜 엄마 자식일까?', '우리 집은 왜 식구가 네 명일까?' 같은 존재론적 의문과 마주하기도 한다.

급식 시간은 매우 소란하다. '좀 먹어 봤다'는 뜻일 것이다. 학교에서 급식 시간 규칙도 충분히 경험했기 때문에 어떻게 해야 하는지 잘 안다. 줄을 서서 '조용히' 기다려야 하고, 새치기를 하면 안 된다는 도덕관념도 이미 자리 잡았다. 큰 소리로 말하면 다른 사람이 불편해한다는 것을 익혔다. 깨끗이 '다' 먹으면 칭찬을 받고, 남은 음식은 잘 정리해 버려야 한다는 것을 머리로는 충분히 알고 있다.

식단 구성의 패턴을 알아서 한 그릇 음식이 나오는 날이나 채소 반찬만 나오는 날을 짐작한다. 학교급식에 대한 편견이 생긴 것이다. 그날의 식단표를 보고, 또 음식을 받기 위해 줄을 서면서, 미리 기대하는 마음과 포기하는 마음을 갖는다. 음식을 받기도 전에 먹을 음식과 먹지 않고 버릴 음식의 갈래가 마음에 자리한다.

그래도 3학년쯤 되면 대개 매운 음식도 잘 먹고, 나물 맛도 알아 가고, 채소가 맛은 없지만 몸에 좋다는 것도 잘 안다. 그래서 편식을 고치려고 애를 쓰는 아이들을 많이 만난다. 더 먹고 싶은 음식이 있으면 눈치 보지 않고 거침없이 더 달라고 말을 하기도 한다. 더 먹으려고 다시 오는 아이들에게, 배식하는 사람은 식판을 관찰한 후, 먹지 않고 남아 있는 음식, 특히 채소 반찬이 있을 경우 다 먹고 오면 더 주겠다며 돌려보낸다. 간혹 이런 원칙이 민원으로 이어지기도 한다. '음식을 조금 준다', '더 먹으려는데 안 준다', '불친절하다'라는 볼멘소리를 하는 것이다.

그래도 일반적으로는 불평불만이 가장 적은 학년이 3학년이다. 무엇이든 잘 먹고, 많이 먹는다. 왜냐하면 매우 활동적이며 성장 속도도 빠른 시기이기 때문이다. 개인차가 있긴 하지만 3학년에서 4학년으로 진급하는 시기에 생물학적으로 몸이 가장 많이 자란다. 급식을 준비한 이들에겐 차려 준 밥상을 달게 다 먹는 사람이 최고로 멋있고, 너무 감사하다. 그러한 의미에서 3학년은 초등학교에서 최고의 학년이라 해도 과언이 아니다.

낯선 4학년 아이들! 얼마만큼 먹을까 고민하네

까칠한 아이들! 4학년쯤 되면 빠른 아이들은 슬슬 사춘기가 시작되지만 아직 유아의 모습을 벗지 못한 아이들도 있어서 한 교실마다 아이들의 지적, 정서적 성숙의 속도가 무척 혼재돼 있다. 밥을 먹는 모습도 다른 학년에 비하면 상당히 다양하다. 3학년 땐 가리지 않고 잘 먹던 아이가 이것저것 먹지 않겠다고 투정을 부린다. 물론 더 달라고 조르는 아이들도 부쩍 많아진다. 먹어 보라고 권유하는 교사에게 눈을 맞추지 않고 묵언으로 거부하기도

한다. 잘 먹던 건데 왜 입맛이 변했냐고 물으면 배부르다고 둘러
대기 일쑤다. 먹기 싫은 음식이 있으면, 알레르기를 일으키지 않
는 음식인데도 무조건 '알레르기'라고 이야기하는 아이들도 있다.
알레르기는 당당하게 편식을 할 수 있는 핑곗거리가 된다는 것을
알아차린 것이다. 그러나 영양 교사가 영양 전문가라는 생각을 미
처 하지 못했거나, 영양 교사의 눈을 피해 편식하는 데 재미를 본
것임에 틀림없다.

아무튼 4학년 아이들은 다양성이 확장되는, 거의 시작점에
있다. 순수함과 까칠함을 다 가지고 있으면서 열심히 변신하는 중
이다. 신체적으로는 성장이 폭발적으로 일어나는 시기여서 먹는
양도 확연히 달라진다. 그래서 보통 낱개로 배식하는 음식의 경
우, 예를 들어 채소 튀김이나 군만두 등은 배식량이 1~3학년 1개,
4~6학년 2개 이런 식으로 나뉜다.

5, 6학년 어르신들! 무엇을 주어도 시큰둥!
내가 너희들 때문에 못 산다

5학년 시기는 그야말로 인생의 격변기 중 한때일 것이다. 5학
년에 2차 성징이 나타나고 6학년쯤 되면 덩치가 커지고 남자아이
들의 경우 변성기가 시작된다. 이러한 신체 성숙의 변화로 수치심
을 느끼기도 하는데 이러한 혼란기를 긍정적으로 잘 건너야 할 것

이다. 신체의 변화로 인해 충분한 영양소 섭취가 매우 중요한데 5학년, 특히 6학년이 되면 여자아이들에게 다이어트 열풍이 불어 닥친다. 살이 별로 찌지 않은 몸인데도, 섭식 장애라 할 만큼 거의 거식증에 가까운 섭취량을 보이는 아이들이 많다. 활동 반경도 확대되어 더욱 잘 먹어야 하는 시기임에도 먹는 것을 주저하는 일이 생긴다. 또한 마음이 맞는 친구들끼리 무리 지어 다니며 한 녀석이 적게 먹으면 다른 친구들도 덩달아 적게 먹거나 먹지 않는 경우도 발생한다. 신체의 변화가 급격해짐에 따라 자아정체성에 혼란을 느끼기도 한다. 그러나 자아를 넘어 사회와 세계에 대한 관심이 보다 구체화되고 가치 판단의 능력이 싹트기 시작한다. '작은 어른'이라 칭해도 좋을 듯하다.

학교급식에 대한 비판 의식이 매우 높아져서 '음식을 이렇게밖에 못 만드는가', '이 음식은 무슨 재료로 어떻게 만들었나'라는 의문과 함께, '랍스타나 안심 스테이크, 유기농 아이스크림을 달라'는 터무니없는 요구도 한다. 한편 남학생들은 밖에서 놀기 위해 점심을 먹는 둥 마는 둥 하는 친구들도 많이 생긴다. 편식의 골이 깊어진 아이들은 아예 특정 음식을 받지 않거나 또는 받아서 먹어 보지도 않고 그대로 버리고는 편의점 음식을 먹는 경우도 있어서 너무나 안타깝다. 그러고는 학원 공부에 지쳐 집으로 가서 배고픔을 호소하니 이러한 상황을 맞닥뜨린 학부모들은 학교급식에 대한 불만이 커지게 되는 것이다.

5, 6학년 아이들에게는 영양 수업 시간에 영양학적 지식을 동

원하며 지적 호기심을 자극한다. 어느 때에는 인체 해부학을 가져와서 음식의 소화, 흡수 과정을 이야기하며 대사증후군으로까지 이야기를 펼치기도 한다. 영양 수업은 성적을 매기지 않으니 부담감이 없을 것이다. 또 조금 색다른 지적 호기심을 충족할 수 있으니 재미있는가 보다. 영양 수업을 늘려 달라는 요구는 높다. 2021년 학교 대토론회 때 5학년 모둠 토론에서 영양 수업을 현재 2차시에서 6학년 때는 4차시로 늘려 달라는 요구가 있었던 것이다. 그러나 영양 수업은 정규 수업 시간이 있는 것이 아니라 실과나 체육 교과를 떼어서 진행하고 있기 때문에 수업 시수를 늘리는 것은 매우 곤란하다. 체육을 좋아하는 5, 6학년의 경우 체육 시간에 영양 수업을 하게 되면 원성을 듣기도 할 정도이다. 그렇기 때문에 영양 수업 시간은 많아야 한 학기에 1차시씩 1년에 2차시로 고정된다. 이 정도 수업을 통해 식생활 개선으로 나아가기엔 시간이 턱없이 부족함을 느낀다.

영양 수업 시간에
학교급식을 묻고 답하다
– 1, 2학년 영양 수업

조금 서둘러서 1학년 영양 수업을 진행하다

3월에 초등학교 1학년 학생들이 입학을 하면 학교 환경을 익히기 위해 담임 교사를 졸졸 따라다니며 학교 둘러보기를 한다. 학교급식 조리장도 창 너머로 들여다보고 커다란 솥단지와 그릇들을 보며 놀라고, 조리 노동자들이 분주히 음식을 만드는 모습에 또 한 번 놀라며 지나간다. 어떤 선생님은 나에게 학교급식에 대한 간략한 설명을 요청하기도 한다.

3월 입학식을 마치면 바로 다음 날부터 급식을 먹는다. 그래서 나는 3월 첫 주에 곧바로 영양 수업을 한다. 수업은 교실로 가서 진행하는데, 어느 정도 틀이 짜여 있다. 대개 1학기는 학교급식을 알리는 내용이다. 학교급식의 목적, 학교급식의 특성, 학교급식의 좋은 점, 학교급식의 어려운 점, 식당에서 지켜야 할 예절 등을 소재로 이야기한다.

1학년부터 6학년까지 1학기는 언제나 학교급식을 주제로 이야기한다. 학교급식에 대해 긍정적인 생각을 갖기를 바라는 마음으로 학교급식과 관련한 다양한 소재를 가져와 해당 학년의 언어 수준에 적절하다고 생각하는 말로 풀어낸다.

예를 들어 1학년 학생에게는 식판과 수저를 준비해 가지고 가서 밥을 담는 곳, 국을 담는 곳 등을 직접 보여 주는 식이다. 학생들에게 배식으로 받은 음식을 남기지 않고 다 먹으려면 어떻게 해야 하는지를 묻는다. 또 점심을 먹으러 가기 전에 손을 깨끗이 씻고 가야 하는 것은 왜 필요한지도 물어본다. 1학년 아이들의 역동성은 참으로 놀랍다. 서로 먼저 이야기하려고 마구 소리를 지른다. 다른 사람의 이야기에 귀 기울이는 훈련이 필요하다. 앞에서 이야기했듯 나는 영양 수업 규칙을 '모두 발표'로 정한다. 다른 사람이 이야기하는 것을 귀담아듣도록 요청하기 위함이다.

음식을 남기지 않으려면 어떻게 해야 하는가라는 물음에 한 친구가 호기롭게 답한다. "조금만 받아요." 벌써 그런 요령을 말할 줄 아는 것이 한편 재미있다. 그리고 좋은 생각이지만 배고플까 봐 걱정된다고 덧붙이며 조금만 먹는 것, 알맞게 먹는 것, 많이 먹는 것의 의미를 생각하도록 일러 준다. 음식을 남기지 않기 위한 방법으로 가장 중요한 것은 점심시간이 되어 식당으로 갈 때 자기 자신이 얼마나 배가 고픈지를 느끼고 배고픈 정도에 알맞게 배식량을 조절하는 것이다. 대개 1학년 학생들은 자신이 배가 고픈지, 고프면 얼마나 고픈지 감지하거나 표현할 줄을 모른다. 심지어 배가 고픈 것과 배가 아픈 상태를 뚜렷이 구분하여 표현하는 것이 어려울 때도 있다.

그러므로 영양 수업에서 자신의 배고픈 상태를 잘 알아보도록, 자신의 몸을 예민하게 생각하여 민감성을 높이는 것이 중요하다고 말한다. 자신의 몸 상태는 자기 자신이 가장 잘 알 수 있는 주체라는 것을 강조하는 것이다. '여러분, 자기 배는 누가 가장 잘 아나요? 자기일까요, 친구일까요? 그리고 배가 많이 고픈 사람은 많이 먹어야 할까요, 적게 먹어야 할까요?' 이런 1차원적인 질문을 하면 금방 알아듣고는 음식을 받을 때 '많이 주세요', '조금만 주세요'를 말할 수 있게 된다. 하지 말아야 할 말은 '안 먹어요', '주지 마세요'다. 왜냐하면 학교급식은 '밥 공부'를 하는 시간이기 때문이다. 음식 맛이란 자신의 혀로 직접 먹어 봐야 알 수 있는 것이기 때문에 꼭 먹어 보고 느껴 봐야 건강한 사람이 될 수 있음을 강조한다. 그래서일까? 학교에서 음식물 쓰레기를 가장 적게 버리는 학년이 1학년이다. 이것을 5, 6학년 반에 가서 이야기하니, "당연하죠, 선생님. 걔네들은 처음 먹어 보니까 다 맛있다고 그러는 거예요. 매일 먹으면 아닐걸요?" 한다. 충분히 일리 있는 말이다. 그러나 1학년은 그만큼 상대적으로 입맛이 순수한 것도 사실이다. 아직 5, 6학년 학생들보다 맛이 진한 음식에 덜 길들여진 것 때문인지도 모른다. 이렇게 순수한 1학년 학생들도 점점 입맛이 변할까 걱정이다.

식판과 수저를 들고 수업에 임하는 데는 두 가지 이유가 더 있다. 하나는 식판과 수저를 직접 부딪히거나 던지지 않도록 주의해야 한다는 것을 시범적으로 보여 주기 위해서다. 수저를 높이 들었다가 아래에 있는 식판으로 떨어뜨려 쨍그랑 소리를 들려주며, 식판, 숟가락, 젓가락을 던지면 시끄러운 소리가 나서 밥을 먹고 있는 사람이 불편해질 수 있으니 소리가 나지 않도록 살살 놓을 것을 이야기한다. 또 하나 설명할 내용은 식판을 정리하는 방법이다. 국물을 적셔서 밥 한 톨도 남기지 않고 모두 떼어서 먹을 것을 요청한다. 문구용 풀을 들어 보여 주며 "옛날에는 이런 풀을 만드는 공장이 있었을까요, 없었을까요? 이런 풀이 없다면 무엇으로 종이와 종이를 붙여서 사용했을까요?"라고 물어보면 한목소리로 "밥풀이요"라는 대답이 나온다. 그렇게 밥의 끈적거리는 성질과 그런 끈적임을 녹이는 성질이 있는 물을 이용하여 식판을 깨끗이 정리하는 규칙을 설명한다. 식판 정리 이야기를 정성껏 들려주는 이유는 밥 한 톨도 '밥'임을 강조하기 위함이다. 어느 해에는 식판에 밥 한 톨을 붙여 가지고 교실에 들어가서 보여 준 적도 있다.

2학기가 되면 수업 내용이 조금 달라진다. 여름 방학 때 맛있게 먹었던 음식 이름을 한 가지만 발표하도록 한다. 발표가 익숙하지 않은 학생에게도 기회를 주기 위해서이다. 단순하고 명료한 답이 있는, 그러나 오답은 없는 물음을 던짐으로써 '모두 발표'가 성공적으로 끝난다. 한 사람 한 사람의 발표 때마다 그 내용을 받아서 덧붙이는 말을 한다. 예를 들어 한 학생이 "오이를 맛있게 먹었어요"라고 답했다면, "오~ 오이 맛을 아는 친구군요. 오이는 대표적인 여름 채소예요. 더운 여름 날 산을 오를 때 가지고 가서 한 입 깨물면 더위를 식힐 수 있고 맛있게 먹을 수 있지요. 오이는 우리 몸에 아주 좋은 채소입니다"라고 받는 식이다.

각각의 답에 대한 나의 덧붙임은 비슷할 수도 있지만, 상황과 내용에 따라 즉흥 연주를 하듯 답한다. 학생들이 채소나 과일에 더욱 흥미를 느끼도록 이끄는 것이 2학기 수업의 목표다. 수업 끝 무렵에는 항상 그날의 식단을 안내하고 어떤 채소가 들어갔는지, 왜 몸에 좋은지, 어떤 맛일지 짐작해 보고 꼭 맛보도록 권유하며 수업을 마무리한다.

2학년 영양 수업은 어떻게 할까

벌써 10여 년 전 이야기이다. 2학년 1학기 영양 수업에서 교육 활동지로 '내가 차리는 한 끼 상차림' 그리기를 하려고 다음과 같은 활동지의 빈 그릇(동그라미)에 음식 이름을 써 넣어서 밥상을 꾸며 보라고 하였다. 활동지 뒷면에는 학교급식 식단표 일주일분을 제시하고 뒷면을 참고해도 좋다고 일러 주었다.

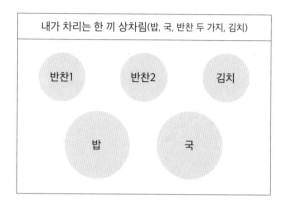

내가 차리는 한 끼 상차림(밥, 국, 반찬 두 가지, 김치)

반찬1　　반찬2　　김치

밥　　국

그런데 1분도 안 돼서 다 했다고 활동지를 흔들며 신나 하는 아이가 있는가 하면 주어진 시간이 다 지나도록 붙들고 빈 그릇의 일부만 채우고 속수무책인 아이도 있었다. 나는 물론 전혀 채우지 못한 학생에게도 창의성이 많으면, 생각이 깊으면 빨리빨리 할 수 없는 경우가 있으니 전혀 잘못된 것이 아니라는 말로 안심시키고, 그렇지만 생각을 키우기 위해 더욱 열심히 생각했으면 좋겠다고 부탁하는 것을 잊지 않았다.

이러한 수업 설계를 한 목적은 학교급식에 더욱 관심을 갖도록 하기 위해서였다. 1학년 1년 동안 학교급식을 먹으며 너무 익숙해져서 자칫 급식에 대한 관심이 낮아지면 편식을 수정하기 더 어려워질 것을 염려했기 때문이었다. 나중에 2학년 담임 교사로부터

들은 이야기는 2학년 1학기는 아직 한글을 잘 읽지 못하거나 쓰지 못하는 친구가 있다는 것이었다. 그제야 나는 2학년 수업에 대한 연구와 준비가 철저하지 못했고 많이 부족했음을 부끄럽게 생각하며 깊이 반성했다.

초등학교 2학년, 특히 1학기면 한글을 읽고 쓰는 데 큰 어려움이 없는 학생이 있는가 하면 한글 읽기나 쓰기가 어려운 아이들도 제법 많다. 그 후로 2학년 1학기 수업, 아니 2학기 수업에서도 활동지를 글로 채우도록 하는 방식의 활동은 하지 않고 칠판에도 글자를 쓰기보다는 그림으로 표현하여 전달하고 싶은 이야기를 풀어냈다. 이 경험을 통해 1학기에는 학교급식 이해하기, 2학기에는 식품, 영양, 건강과 식생활의 중요성 등 학생들이 관심과 호기심을 가질 만한 주제로 영양 수업의 틀과 얼개를 구성하게 되었다.

2학년 2학기 영양 수업은 보통 추석을 막 지내고 맞이하게 된다. 그래서 '추석 명절에 맛있게 먹은 음식 이름 한 가지만 말하기'를 발표 주제로 제시하고 '모두 발표'를 진행한다. 모두들 신나게 발표한다. 역시 발표 내용에 따른 즉답으로 수업을 수놓는다. 보름달 이야기, 건강 이야기 등으로 음식을 먹고 마시는 행위의 중요함을 강조한다. 언제나 수업 끝 무렵에 강조하는 것은, 학교급식은 골고루 먹는 연습을 하는 밥 공부임을 잊지 말고 조금이라도 골고루 먹어야 건강하고 똑똑한 3학년이 될 수 있다고 말한다. 그리고 나는 정말로 그렇게 믿는다.

영양 수업 시간에
학교급식을 묻고 답하다
- 3, 4학년 영양 수업

개구쟁이 3학년과 함께 루소의 '에밀'처럼 공부하다

모두들 무슨 주제로 발표를 하게 될까 하는 호기심으로 나를 뚫어지게 쳐다본다. 나는 칠판에 다음과 같이 쓰고 설명을 덧붙인다.

영양 수업 규칙 - 모두 발표

발표 주제

- 1, 2, 3모둠 : 2학년 때의 나를 떠올려 보고 지금 3학년이 된 나의

모습 말하기

- 4, 5, 6모둠 : 3학년 1학기(지금)의 내 모습을 생각해 보고 3학년
2학기 때는 어떤 모습으로 변하면 좋을지 생각하고 말하기

한 반에 보통 여섯 모둠이 있어서 두 단위로 묶었다. 과거의 자
신과 지금의 자신 그리고 미래의 자기 자신에 대해 비교해서 생
각해 보도록 주제를 제시한 것이다. 이 주제는 정말로 정답이 없
는, 무척 어려운 철학적 주제다. 그러니 3학년 학생들이 처음에는
무슨 소리인지 웅성거리며 쉽게 할 말을 찾지 못한다. 그러면 나
는 조금 쉬운 말로 다음과 같이 부연 설명을 한다.

1, 2, 3모둠은 2학년 때의 나와 지금 3학년이 되어 달라진 점,
즉 스스로를 비교하여 말하기, 특히 좋은 점 한 가지만 말하라고
요구한다.

4, 5, 6모둠은 지금보다 더 멋있는 3학년 2학기의 자신을 그려
보고 한 가지만 떠올려서 발표하라고 한다. 당연히 정답은 없으니
편안하게 마음껏 꿈꾸도록 했다.

이제 차례대로 발표가 시작되었다. 3학년까지는 먼저 발표하는
학생의 영향을 많이 받는다. 그래도 친구와 똑같은 이야깃거리를
생각했던 친구가 앞의 친구에게 기회를 뺏기면 곧바로 질문한다.
"똑같은 것 말해도 돼요?" 나는 "똑같은 것을 말하는 것은 비슷
한 생각을 가졌다는 뜻일 수도 있고, 서로 비슷한 생각을 한다는
것은 친해질 수 있는 조건이 될 수도 있어요. 물론 같은 내용을

발표해도 됩니다. 중요한 것은 자신의 목소리로 말하는 것이라고 생각해요"라고 답한다.

한 학생이 이렇게 발표한다. "2학년 때는 학교급식을 조금밖에 못 먹고 많이 남겼는데, 3학년이 되니 남기는 것이 없이 다 먹어요." 제법 정치적인 발언이라, 믿어야 할지 말아야 할지 잠시 망설이게 된다. 그래도 곧바로 고맙다고 답하며 건강하게 잘 클 것이라는 덕담도 잊지 않는다. 이어지는 다음 친구는 "똑같아요"라며 매우 냉소적으로 겨우 답을 내뱉는다. 그러면 나는 깜짝 놀라는 시늉을 하며 그러면 "키도 마음도 전혀 자라지 않았나요? 아마 그렇지는 않을 테니 조금 더 곰곰이 생각해 보세요"라고 되묻는다. 덧붙여서 '어제의 영양 선생님과 오늘의 영양 선생님'은 같은 사람이 아님을 이야기한다. 3학년은 열 살이니, 10여 년 전 자신이 어떤 모습이었을지 상상해 보게 한다. 그들은 모두 갓난아기였다. 시간이란 모든 것을 변하게 한다. 내가 발표 주제로 말한 것은 똑같은 점이 아니라 달라진 점을 찾아보라는 것임을 조금 힘주어 이야기한다. 3학년 학생들은 사뭇 진지한 태도로 영양 수업에 몰두하는 모습을 보이기도 한다. 3학년 2학기에는 '공부를 더 잘하고 싶다', '태권도를 더 잘하고 싶다', '친구를 많이 도와주고 싶다' 같은 내용도 나오곤 한다. 3학년 1학기 영양 수업은 하고 싶은 게 많은 3학년 학생들의 파란 꿈을 살짝 엿보는 흥미진진한 시간으로 채워진다. 3학년 1학기 수업을 모두 마치고 나면 나 또한 조금 달라져 있는 듯 뿌듯하다.

3학년 2학기 영양 수업에서는 자신의 식생활 습관을 점검해 보는 시간을 갖는다. 다섯 문항으로 구성된 간략한 문진표를 나눠 준다. 건강한 식습관에 대해 스스로 생각하는 시간을 갖고 공부하도록 하기 위함이다.

첫째, 아침밥을 꼭 먹는다(○, △, ×)

둘째, 학교급식을 남기지 않고 잘 먹는다 (○, △, ×)

셋째, 물을 자주 마신다(○, △, ×)

넷째, 텔레비전을 보거나 컴퓨터 게임을 하면서 음식을 먹지 않는다(○, △, ×)

다섯째, 밤참은 먹지 않는다(○, △, ×)

스스로 점검하도록 하고 다섯 가지 식생활 습관의 중요성을 설명한다. 특히 '셋째, 물을 자주 마신다'는 문항을 설명할 때는 물이 6대 영양소 중 하나라는 것과 물을 얼마나 마셔야 하는지, 그리고 물이 우리 몸에서 하는 일 등을 상세히 알려 준다. 이 수업을 진행하기 위해서는, 어쩔 수 없이 일회용 500ml들이 페트병을 가지고 가서 보여 주며 우리 몸에 필요한 물의 양을 눈으로 보게 한다.

모든 학생들이 발표자가 되다

4학년 1학기 수업 때였다. 학급 전체 학생을 세 모둠으로 나누어 각각 발표 주제를 제시했다. 각 모둠의 주제는 1모둠, 학교급식의 좋은 점 한 가지만 말하기, 2모둠, 학교급식의 문제점 한 가지만 말하기, 그리고 3모둠은 해결사가 되어 2모둠의 문제를 잘 듣고 그 문제를 해결하는 방법을 생각하여 말하기. 발표 주제를 모두 말하니 3모둠이 머리를 쥐며 탄성을 낸다. 너무 어렵다는 것이다. 그래서 문제를 잘 들어 보면 그 속에 해결 방법이 있을 수 있다고 일러 주었다. 모든 문제에는 그 문제를 일으키는 사람이 있고 그가 누구인지를 생각하면 그 문제를 해결할 방법이 있다고 말이다. '모두 발표' 주제에 대한 설명이 완전히 끝나자마자 2모둠에서 한 학생이 손을 들고 질문을 했다. "학교급식의 문제점을 말하라고 했는데, 우리 학교의 급식을 얘기하는 것인지 아니면 우리나라 학교급식에 대한 문제인지"를 알려 달라는 얘기였다. 질문을 듣고 깜짝 놀라서 아주 중요한 질문을 했다고 칭찬을 한 후 모두 해당되니 떠오르는 생각이 있으면 얘기하면 된다고 하였다. 즉 우리 학교의 급식 문제도 좋고, 우리나라 학교급식 즉 학교급식 제도에 관한 문제도 좋다고 하였다. 4학년 1학기면 3학년에서 진급한 지 몇 개월 지나지 않았는데 부쩍 성장했다는 느낌이 들어서 흐뭇했다.

그날 수업 시간에는 아주 많은 이야기가 나왔고 재미있게 풀어 나갔다. 2모둠에서 어떤 학생의 답변에 절로 미소를 머금었던 기억이 있다. "문제가 없는 것이 문제입니다. 너무 맛있어요, 선생님!" 장난이 아니라 제법 진지하게 발표하는 학생이 고마웠지만, 나는 이 발표를 이렇게 받았다. "학생이 문제가 없다고 답한 것이 긍정적인 뜻으로 느껴져서 매우 고마워요. 그러나 나는 이 세상에 문제가 없는 곳은 없다고 생각합니다. 학교급식에 별로 관심이 없어서 문제가 안 보인 것은 아닌지 한 번 더 생각해 주면 좋겠어요"라고 덧붙여 말했다. 그 밖에 "식당이 너무 시끄러워요", "앉는 자리가 너무 지저분해요"라는 문제들을 이야기하다 보면 '누가 시끄럽게 하는 걸까?', '자리가 왜 지저분할까?', '누가 자리를 더럽혔을까?', '흘린 사람이 닦으면 덜 지저분해지지 않을까?' 하는 제법 기특한 생각으로 확장된다. 수업이 끝날 무렵에는 오늘의 식단을 안내하며 맛있게, 즐겁게 먹을 것을 당부하고 수업을 마친다.

4학년 2학기가 되면 영양소에 대해 조금 구체적으로 이야기한다. 식물의 독립영양과 동물(사람)의 종속영양을 설명하는 것을 시작으로 영양학적으로 꼭 필요한 지식 즉 왜 골고루 먹어야 하는지에 대해 말한다. 그리고 동물들은 음식물 쓰레기를 남기지 않는다는 것, 자동차의 연료는 마지막 한 방울까지 다 태운다는 것 등을 이야기하며 오직 사람만이 음식물 쓰레기를 만드는 이상한 존재임을 상기시킨다. '지구가 아픈 이유', '고기를 너무 많이 먹으면 곤란해' 같은 내용 등을 소개한다. 40분 수업 시간이 너무 짧다. 연계되지 못하고 단편적이고 피상적인 수업이 될까 염려

된다. 그래도 어쩔 수 없이 5학년 수업 시간에 다시 만나자는 인사를 하고 끝낼 수밖에 없다. 그래도 오늘의 식단 안내는 잊지 않는다. 학생들이 가장 관심을 갖는 부분이기 때문이다.

영양 수업 시간에
학교급식을 묻고 답하다
- 5, 6학년 영양 수업

음식물 쓰레기 줄이기 프로젝트를 진행하다

5학년 1학기 영양 수업은 학교급식의 단점을 적나라하게 파헤치는 것으로 시작한다. 왜냐하면 5학년이 되면 학교급식에서 나오는 음식이 어느 정도 패턴화됐다는 것을 눈치채게 되기 때문이다.

즉 주 1회 한 그릇 음식이 나오고, 소고기 반찬이 나온 다음 날은 아무런 고기반찬이 없을 가능성이 많다는 것 등일 것이다. 한마디로 학교급식 식단 구성이 새롭게 느껴지지 않아서 호기심이 낮아질 대로 낮아지는 학년이다. 맛이 있고 없고의 문제를 떠

나서 익숙함에 대한 지루함이라 할까? 이미 다 알고 있으며 알 것도 없다는 식의 달관한 듯한 무관심함과 무정함을 노골적으로 드러낸다. 바야흐로 사춘기의 시작이다. 고민 끝에 이들의 관심을 끌 만한 교육 활동으로 생각해 낸 것이 일주일 동안 자신이 남긴 음식물 쓰레기의 양을 기록하고 짧은 글을 써 보는 프로젝트를 5학년 전체 학생이 수행하는 것이었다.

영양 수업은 프로젝트와 무관하게 진행하지만 프로젝트 기간에 수업이 있는 경우는 음식물 쓰레기 발생과 관련한 심각한 진실을 파헤쳐 보는 시간으로 채운다. 다음과 같은 5학년 음식물 쓰레기 기록지를 배부하고 담임 교사 지도하에 일주일 동안 매일 점심 식사 후에 양심에 따라 자신의 점수를 기록하고 마지막 날인 금요일에는 합산해 보는 것이다. 점수로 계량화하는 것에 특별한 의미는 없다. 학생들이 일기 쓰듯 자신이 남긴 음식물 쓰레기 양을 한번 되새기며 반성의 시간을 갖게 해 보자는 취지이다. 대개 모두 성실하게 참여한다. 선물이 있기 때문일까?

이 프로젝트가 끝나면 소감문을 모아서 다가오는 월간 식단표 뒷면인 학교급식 게시판에 익명으로 소개한다. 예를 들면 다음과 같다.

- 음식물 쓰레기를 줄이는 학습을 하고 나니까 음식에 대한 소중함을 알게 되었다.
- 음식물 쓰레기를 지구를 위해서 최대한 버리지 않을 것이다.

내가 남긴 음식물 쓰레기 기록표

5학년 ___ 반 ___ 번호 ___ 이름 ___

※ 일주일 동안 학교급식을 남김없이 먹도록 노력하고, 남은 음식 양을 점수로 기록해 보세요. 기록표는 모아서 급식실로 가져오면 작은 선물로 바꿔 드립니다(선물은 모두 제공).

남긴 양 / 날짜 (요일)	다 먹음 (20점) ☺	보통(15점) (국그릇의 1/3) 😐	매우 많음 (10점) (국그릇의 2/3) ☹	남긴 날은, 가장 큰 이유 한 가지 쓰기
. (월)				
. (화)				
. (수)				
. (목)				
. (금)				
합계				점

《짧은 글(소감문) 쓰기》
(일주일간 내가 남긴 음식물 쓰레기를 기록하면서 느낀 점을
예문을 참고하여 빈칸에 두세 문장 이하로 쓰세요.
생각이 떠오르지 않으면 비워 두어도 됩니다.)

※ 예문 : 음식물 쓰레기라는 말은 참 이상하다. 이것은 마치 '인간쓰레기'라는 말처럼 욕같이 나쁜 말 같다. 나는 앞으로 음식물 쓰레기를 만들지 않을 것이다.

- 음식은 남기지 않게 먹을 만큼 받아야 한다는 걸 알았다.
- 버린 음식물 쓰레기가 쌓이면 지구가 파괴되어서 음식을 남기면 안 되겠다.
- 꾸준히 음식을 남기지 않아야겠다고 생각했다.

5학년 전체 학생들이 150여 명쯤 됐는데, 아주 성실하게 짧은 글쓰기에 임해서 6월과 7월 두 달에 걸쳐서 모든 학생들의 글을 학교급식 게시판에 붙여 두었다.

5학년 2학기 영양 수업에서는 4학년 2학기와 마찬가지로 식물의 독립영양과 동물의 종속영양 등에 대해 이야기한다. 덧붙여서 인체의 구성, 영양소의 종류와 작용 등에 대해 4학년 때보다 좀더 구체적이고 전문적인 내용을 펼쳐 보인다. '모두 발표'의 규칙에 따라 제시하는 주제는 비교적 간략한 내용이다. 사춘기의 특성상 많은 생각이나 긴 설명을 필요로 하는 질문은 살짝 피한다. 그래서 던지는 질문은 자신이 알고 있는 영양소 이름 한 가지 말하기다. 그러면 인터넷이나 텔레비전 광고 등에서 쉽게 접할 수 있는 영양소 이름이 마구 튀어나온다. 그 이야기를 받아 의미를 간단히 설명하며 수업 교재로 영양 성분 표시가 잘 보이고 학생들이 즐겨 먹는 우유와 라면 봉지 등을 들고 가서 직접 확인시킨다. 이때 덧붙여서 이야기하는 것은 지금까지 밝혀진 영양학적 지식은 아주 적을지도 모른다는 것이다. 그리고 광고의 목적은 상품을 많이 판매하여 이윤을 최대한 얻는 것이기 때문에 광고 내용을 절대적으로 믿는 것은 조심해야 함을 일러 준다. 식품이 가지는 정보의 비대칭성에 대한 맹점을 잘 알려 주며 현명하고 지혜로운 식품 소비 생활이 건강의 밑바탕이 됨을 강조한다. 5학년 2학기쯤 되면 이러한 사회 구조적인 문제에 대한 이해가 가능하기 때문이다.

수업을 마무리하며 전달하는 식단 소개는 언제나 즐겁고 신나는 일이다.

초등학교 가장 어르신인 6학년을 수업에서 만나다

6학년이 되면 학교급식을 그 전보다 덜 먹거나 아예 기피하는 현상을 보이기도 한다. '풀떼기'라는 말도 함부로 내뱉는다. 고기 반찬을 많이 주어도 잘 먹지 않는 아이들도 있다. 일명 다이어트 시기가 도래한 것이다. 무엇을 주어도 냉소적인 반응을 보이기 일쑤고 수업 때 '모두 발표'를 진행하기도 어려운 것이 사실이다.

그래서 생각해 낸 것이 읽기 자료를 강독하는 것이다. 〈간디의 식사법〉이나 〈채소의 인문학〉 또는 〈그레타 툰베리 연설문〉 등을 모든 학생이 돌려 읽는다. 학급 번호 순서대로 모두가 읽고 나면, 내가 다시 큰 소리로 읽으며 낱말의 의미를 질문하기도 하고 설명을 덧붙이기도 한다.

그러다가 불쑥 '상대'의 반대말을 묻기도 한다. 돌아오는 답변

중에는 어느 학급에서든지 '나?'라는 답이 꼭 있다. 그것도 맞지만, 내가 요구하는 답은 '절대'라고 말하면 그제야 '아~' 하는 반응이 나온다. 맛의 상대성과 절대성을 설명하기 위해 물꼬를 트는 것이다.

1학기에는 역시 학교급식에 대한 가치와 목적을 상기시키는 내용에 중점을 둔다. 학교는 학생들의 편식을 고치기 위해 알맞은 영양량을 맛있게 제공하려고 노력하며, 받은 음식은 가급적 모두 먹어야 건강한 몸으로 성장할 수 있음을 강조한다. 또한 학교급식을 위해 수많은 노동자들이 관여하고 있음을 빠뜨리지 않고 이야기한다. 편식 수정의 필요성을 이야기할 때는 종이컵으로 직접 만든 수업 교구를 들어 보이며 설명을 이어 간다.

2학기에는 식단 구성의 원칙에 대한 의미를 구체적으로 설명한 다음 모둠별로 하루분의 식단을 직접 작성하는 활동을 진행한다. 식단 구성의 원칙에서 크게 벗어나지 않은 모둠의 식단은 다음 달 식단 구성에 반영할 것을 약속한다. 교실에 거치된 화면에는 식단 구성의 원칙을 띄워 둔다. 모둠원들은 그것을 보면서 서로 논의한 후 식단을 완성하여 발표까지 하도록 설계하였다. 시간은 고작 10여 분 정도다. 약 10분 동안 교실이 곧 떠나갈 듯 진지하게 때로는 장난스럽게 활발한 활동을 진행한다. 모둠별로 발표를 하면 내가 식단 구성의 원칙을 준거로 평가하며 설명을 한다. 채택 여부는 설명을 끝낸 후 그 자리에서 선정한다. 식단 구성의 원칙에서 학생들이 걸려 넘어지는 부분은 대개 '다양한' 식재료를 사용할 것과 '식품 첨가물'을 많이 사용하지 않을 것이라는 대목이다. 육류 일색의 식단이나 햄과 소시지, 치킨너겟, 냉동 돈가스 같은 가공식품 등이 화려하게 겹쳐져서 올라오는 것으로 알 수 있다. 그럼에도 한 반이면 한두 모둠에서는 채택할 만한 식단을 작성하곤 한다. 예를 들어 어떤 모둠에서는 '쌀밥, 애호박된장찌개, 콩나물무침, 돼지고기고추장불고기, 유기농 배추김치, 요구르트'로 구성했다. 또 한 모둠은 카레밥, 달걀채소말이, 유기농 배추김치, 과일샐러드, 고구마맛탕 등으로 짰다. 예로 든 이 두 모둠은 학교급식 식단에 '채택'되는 영광을 얻었다. 재미있는 것은 학생들의 아이디어가 평소에 내가 급식으로 제공했던 식단과 비슷하다는 것이다. 그리고 대부분의 모둠에서 된장국이나 건강한 채소 반찬들이 심심치 않게 나오는 것이 신기할 정도다. 마지막으로 오늘의 식단을 안내하며 여러 가지 식품의 영양학적 의미를, 편식을 수정해야 하는 당위성의 범위 안에서, 간략히 알려 준다. 대부분의 학생들은 잠깐이나마 식단 구성의 어려움을 경험했기 때문에 식단을 안내하는 설명에 귀를 기울인다. 그리고 나는 점심시간이 되면 수업을 진행한 학급을 만나기 위해 식당으로 향한다.

간디의 식사법*

1. 음식은 몸을 유지하기 위해 의무적으로(약을 먹는 것처럼) 먹어야 한다.**

2. 입맛을 만족시키려고 먹어서는 안 된다.

3. 그러므로 기분 좋은 느낌은 진짜 배고픔을 만족시키는 데서 오는 것이다.

4. 따라서 우리는 맛은 배고픔에 의한 것이지 다른 데서 오는 것이 아니라고 말할 수 있다.

5. 우리의 잘못된 습관과 인위적인 생활 방식 때문에 신체가 무엇을 요구하는지 아는 사람은 별로 없다.

6. 우리를 이 세상에 데려온 부모들은 일반적으로 자제심을 계발하지 않는다.

7. 그들의 습관과 생활 방식은 어느 정도 아이들에게 영향을 미친다.

8. 임신 중의 어머니의 음식이 아이에게 영향을 미치게 마련이다.

9. 아이가 어릴 때에 어머니는 온갖 맛있는 음식으로 아이의 기분을 맞추어 준다.

---

* [마하트마 간디, 김태언 옮김(2011), 《마을이 세계를 구한다》, 녹색평론사, 267~268쪽]을 재구성. 〈간디의 식사법〉은 내가 임의로 붙인 제목이다.
** 한 학급의 학생 수는 대개 25명 전후다. 특히 경기도에 있는 학교는 학급당 학생 수가 많아서 25명이 넘는 학교도 많다. 13번으로 읽기가 끝났기 때문에 첫 문장으로 돌아가 14번 학생부터 반복해서 읽음으로써 모든 학생이 한 문장씩 읽게 된다.

10. 어머니는 자신이 먹는 음식을 무엇이든 조금씩 아이에게 먹여 아이의 소화 기관은 유아기에서부터 잘못된 훈련을 받는다.
11. 습관이 한번 형성되면 버리기 어렵다.
12. 습관을 버리는 데 성공하는 사람은 아주 드물다.
13. 그러나 자신의 몸은 자신이 지켜야 하며 자신은 봉사에 헌신한 몸이라는 것을 깨달으면, 그는 자신의 몸을 건강한 상태로 유지하는 법칙을 배우기를 원하고, 그것을 따르려고 애쓰게 된다.

채소 없이는 한국인의 밥상도 없다*

1. 채소는 그저 풀이 아니다.
2. 배를 곯을 땐 뿌리부터 껍질까지 아낌없이 내주는 구황식으로, 몸이 아플 땐 채소에 달인 물을 보약으로 먹었다.
3. 무엇보다, 수많은 채소가 지닌 저마다의 맛과 빛깔과 영양소는 인류의 식탁을 풍성하게 해 주었다.
4. 밥에다 다양한 반찬을 곁들이는 한국인의 밥상은 채소 없이는 성립할 수 없다.
5. 밥을 맛있게 먹기 위해 채소를 국으로 끓여서 먹고, 무쳐서 먹고, 생으로 먹는 조리법을 발달시켰고, 나물을 맛있게 먹기 위해 된장,

---

* [정혜경(2017),《채소의 인문학》, 따비]의 표지 글 인용.

간장, 참기름과 갖은양념을 동원했다.

6. 겨울에도 채소를 먹기 위해 우거지, 시래기를 말렸고, 장아찌, 김치를 담갔다.

7. 한식의 풍성함은 채소 덕분에 가능했다. 나물노래*를 부르며 산과 들에서 채소를 캐었고, 텃밭에서 기르는 채소를 시와 그림으로 표현하며 풍류까지 즐겼다.

8. 채소는 인류를 각종 질병에서 구할 수 있으며, 채소를 먹는 것은 지구 환경을 보전하는 길이다.

그레타 툰베리 연설문**

1. 전 지금 이 자리에 있어서는 안 됩니다.
2. 바다 반대편 학교 교실에 있어야 해요.
3. 그러면서도 어른들은 어린 우리를 보고 희망을 찾습니다.
4. 어떻게 그러실 수 있습니까?

---

* 이 대목을 설명할 때 나는 학생들의 주의를 환기하기 위해 수업 중에 나물노래를 직접 부르기도 했다. "달래 냉이 씀바귀 나물 캐오자~♪♬"
** 2019년 9월 23일 뉴욕 유엔본부에서 열린 기후행동 정상회의에서 한 연설문. 영어에 관심이 많은 고학년 학생들이라 영어로 연설하는 동영상을 먼저 시청하고, 학생들이 연설문을 한 문장씩 강독한 후 내가 다시 읽으며 낱말 뜻과 내용을 덧붙여 기후 위기에 대한 문제의식을 북돋운다.

5. 여러분은 헛된 말로 제 꿈과 유년기를 앗아 갔습니다.

6. 그럼에도 전 제가 운이 좋은 축에 속한다는 것을 잘 압니다.

7. 많은 사람들이 고통에 시달리고 있어요.

8. 사람들이 죽고 있어요.

9. 생태계 전체가 무너지고 있습니다.

10. 우린 대멸종의 시작점에 있습니다.

11. 그런데 여러분은 오로지 돈과 경제 성장의 신화만 얘기하고 있습니다.

12. 어떻게 그러실 수 있습니까?

13. 30년이 넘게 과학은 명백하게 말해 왔어요.

14. 사실에 눈을 감고 정책이나 해결책이라고는 어디에도 없는 지금

15. 이 자리에 와서 어떻게 충분히 노력하고 있다는 말을 하십니까?

16. 저희 목소리를 듣겠다고 말씀하셨습니다.

17. 긴급하다는 것을 인지한다고 합니다.

18. 제 슬픔과 분노와는 무관하게 전 이 말을 부정하고 싶습니다.

19. 여러분이 진심으로 이 상황을 지각하면서도 행동으로 보여 주지 못한다면

20. 그건 여러분이 사악하기 때문일 테니까요.

21. 하지만 전 그렇다고 믿고 싶지 않습니다.

종이컵을 이용한 편식 교육

(가)   (나)

- 종이컵의 기능 : 종이컵의 기능이 액체를 담는 것이라고 할 때 (가) 와 (나) 중 어느 쪽의 종이컵이 온전한 기능을 할 수 있을까요? 어느 쪽이 더 많은 액체를 담을 수 있을까요?
- 종이컵을 우리의 몸에 비유한다면 (가)와 (나) 중 어느 쪽의 컵과 닮아야 할까요?

온전한 몸, 자신이 가지고 있는 실력을 온전히 발휘하기 위해서는 편식을 하지 않고 건강한 몸으로 성장해야 합니다.

나오는 말

학교에서 만나는
따뜻한 밥 한 그릇의 의미

벌써 15년쯤 전에 겪은 일이다. 교실 배식이 이루어지는 남자 중학교에서 한 학생이 밥을 먹다가 급식으로 나온 방울토마토를 던져서 친구를 맞추는 장난을 하는 것을 목격했다. 한 학생이 시작한 장난은 금세 다른 친구나 상대 친구에게 번졌다. 복도를 지나다가 깜짝 놀라 뛰어 들어가서 제지했지만 방울토마토를 장난감 취급했다는 생각에 속이 많이 상했던 기억이 있다. 귤이나 자두 같은 과일로도 흔히 저지르는 일이다.

학교급식에서 재미있으면서 어처구니없는 일은 서리태콩(검정콩) 밥을 먹는 날에 자주 일어난다. 특히 초등학교 저학년 아이들이 흰 쌀밥에 한두 알 섞여 있는 서리태콩을 먹지 않으려고 식당 바닥에 몰래 버리는 것이다. 아이들이 식당을 빠져나가고 나면 식당 바닥엔 쥐가 똥을 눈 것처럼 까만 콩알이 여기저기 널려 있다.

조리 종사자에겐 웃지 못할 해프닝이다.

음식을 던지며 장난을 치거나 버리는 학생들의 행동도 안타깝지만 학생들이 콩을 버리는 데는 교사들도 성찰해 봐야 할 지점이 있다. 아이들이 굳이 안 보이게 버리는 것은 사실 담임 교사가 식판을 '검사'하면서 생기는 일이다. 급식을 지도하는 교사가 식판을 비우기를 강요하기보다 먹고 싶지 않으면 억지로 다 먹지 말고 반 알이라도 먹어 보고 무슨 일이 일어나는지 알아 보자고, 먹기를 다정하게 권유하면 어떨까? 밥을 먹을 때 아이들이 안정감과 안전감을 느낄 수 있도록 호기심과 용기를 북돋는 말로써 급식 지도를 하는 방법이 필요해 보인다.

모든 먹거리는 '다른 생명의 희생'으로 우리 앞에 온다. 먹거리에 대한 사유의 부재는 자칫 먹거리를 경시하는 풍조를 낳게 되지 않을까 걱정된다. 음식을 버리는 것이 아무렇지도 않은 습관이 되면 때로는 그것이 궁극적으로 생명을 가볍게 여기게 되지 않을까 하는 염려는 한낱 기우일까?

일반적으로 학교급식을 통해 나타날 수 있는 건강한 식습관이란 다음과 같다.

첫째, 음식을 대하는 마음가짐이 경건해야 하며 그것이 태도로 나타나야 한다. 배식 때 음식을 나누어 주는 사람에게 공손하게 감사의 인사를 한다.

둘째, 싫어하는 음식을 받지 않는 태도를 취하지 않는다. 편식

습관을 고치도록 힘쓴다.

셋째, 좋아하는 음식이라고 해서 1인 분량을 훨씬 넘어서는 정도로, 너무 많이 달라고 요구하지 않는다.

넷째, 자신이 받은 음식은 최대한 남김없이 다 먹도록 노력한다.

그러나 다 먹을 수 있는 상황이 도저히 안 될 때는 버리는 수밖에 없다. 그런 경우 버리는 사람은 몹시 '미안한 마음'을 가지고, 식판을 아주 깨끗이 정리하여 배출하는 태도가 필요하다. 이것이 다섯째 덕목이다.

공부란 학습을 통해 무엇인가를 배우고 익히는 것을 말한다. 모든 사람은 어떤 방식으로든 의식주가 충족되어야 살아갈 수 있기 때문에 의식주와 관련된 여러 가지 공부를 통해 삶을 영위하며 살아간다. 나는 그러한 여러 가지 공부거리 중에 가장 기본적인 것이 '밥 공부'라고 생각한다. 왜냐하면 밥을 먹지 않고는 생명을 유지할 수 없고 더구나 '올바로' 먹지 않으면 자신의 몸과 마음이 건강하게 자라는 것이 어려움은 물론 '자신과 연결된 세계'도 건강성을 잃어버릴 수 있기 때문이다.

학교급식을 먹는 시간은 내 앞에 놓인 음식을 만나 '생명'을 온몸으로 배울 수 있고 '올바로' 먹는 것을 배우고 익힐 수 있는 시간이다. 이제 우리 사회가 학교급식을 '밥 공부'로 인식하고 보다 진지하고 경건하게 만나길 바란다. 그러한 인식의 전환과 태도의 변화를 시작으로 우리 모두 '밥'을 통해 '배움과 성장'으로 나아감으로써 우리 사회가 지금보다 나은, 아름다운 사회로 변하길 꿈꾼다.

《퇴계선생언행록》을 보면 음식에 관한 절도를 다음과 같이 기록(증언)하고 있다. 오늘날, 조금 가벼워져 품위를 잃어버린 듯한 우리 식생활 문화에 큰 울림을 줄 수 있는 문장이라 생각하여 여기에 옮긴다.*

선생은 손님을 대하여 음식을 먹을 때, 수저 소리가 들리지 않았다. 그 음식의 예절(상차림)**은 매 끼니마다 두서너 가지에 불과했으며, 더운 철에는 단지 포 떠서 말린 것뿐이었다.

– 김성일

손님이 없으면 특별한 상을 차리는 일이 없었다고 하였다.

– 이덕홍

선생이 일찍이 서울에 올라와서 서성 안에 우거했는데, 지금의 좌

---

* 홍승균·이윤희 공역(2007),《퇴계선생언행록》, 퇴계학연구원, 126~127쪽.
** 원문에 예절이라고 돼 있으나 문맥상 상차림, 즉 반찬의 가짓수 정도로 해석되어 괄호에 첨언하였다.

상인 권공(권철)이 찾아뵈었다. 선생이 밥을 차려 대접하는데 반찬이 담박淡泊해서 먹을 수가 없었으나 선생은 마치 진미珍味인 양 들면서 조금도 먹기를 어려워하는 기색이 없었다. 권공은 끝내 먹지를 못하고 물러 나와서 사람들에게 말하기를,

"지금까지 입버릇을 잘못 길러서 이렇게까지 되었으니 매우 부끄럽다" 하였다.

- 우성전

선생은 일찍이 말씀하시기를,

"나는 정말 복이 박한 사람인가 보다. 좋은 음식을 먹으면, 흡사 기분에 체하는 것 같아 편치가 않고 쓰고 담박한 음식을 먹어야만 속이 편하다" 하였다.

- 김성일

나는 오랫동안 학교급식 일을 하면서 한 그릇의 밥 속에 담긴 의미를 깊이 새기게 되었다. 한 끼의 밥상에는 수많은 인간과 비인간 자연 즉 보이지 않지만 온 세상이 촘촘하게 연결되어 있다는 것을 알았다. 무위당 장일순 선생이 나락 한 알 속에 '온 우주'가 깃들어 있음을 이야기했듯이, 우리 몸 또한 작은 우주이고 하나의 세계라는 것의 의미도 알 것 같다.

이러한 깨달음을 많은 사람들과 나누고 싶다. 학생들에게 매일 깨끗하고 건강하고 따뜻한 밥 한 그릇을 대접하면서, 그들과 함께

눈 맞추고 아름다운 이야기를 나누면서 서로의 몸과 마음이 건강하게 성장하는 삶을 가꾸고 싶다.

교육공동체 벗

교육공동체 벗은 협동조합을 모델로 하는 작은 지식공동체입니다.
협동조합은 공통의 목적을 가진 사람들이 모여서 만든
권력과 자본으로부터 독립된 경제조직입니다.
교육공동체 벗의 모든 사업은 조합원들이 내는 출자금과 조합비로 운영됩니다.
수익을 목적으로 하지 않기에 이윤을 좇기보다
조합원들의 삶과 성장에 필요한 일들과
교육운동에 보탬이 될 수 있는 사업들을 먼저 생각합니다.
정론직필의 교육전문지, 시류에 휩쓸리지 않는 정직한 책들,
함께 배우고 나누며 성장하는 배움 공간 등
우리 교육 현실에 필요한 것들을 우리 힘으로 만들고 함께 나누고 있습니다.

조합원 참여 안내

출자금(1구좌 일반 : 2만 원, 터잡기 : 50만 원)을 낸 후 조합비(월 1만 5천 원 이상)를
약정해 주시면 됩니다. 조합원으로 참여하시면 교육공동체 벗에서 내는 격월간 교육
전문지《오늘의 교육》과 조합통신을 받아 보실 수 있습니다. 출자금은 종잣돈으로 가
입할 때 한 번만 내시면 됩니다. 조합을 탈퇴하거나 조합 해산 시 정관에 따라 반환합
니다. 터잡기 조합원은 벗의 터전을 함께 다지는 데 의미와 보람을 두며 권리와 의무
에서 일반 조합원과 차이는 없습니다. 아래 홈페이지나 카페에서 조합 가입 신청서를
내려받아 작성하신 후 메일이나 팩스로 보내 주세요.

홈페이지 communebut.com
카페 cafe.daum.net/communebut
이메일 communebut@hanmail.net
전화 02-332-0712
팩스 0505-115-0712

교육공동체 벗을 만드는 사람들

후쿠시마 미노리, 황지영, 황정일, 황정원, 황이경, 황윤호성, 황영수, 황봉희, 황규선, 황고운, 홍지영, 홍정인, 홍순성, 홍세화, 홍성근, 홍성구, 현복실, 현미열, 허창수, 허윤영, 허성실, 허성균, 허보영, 허광영, 함점순, 함영기, 한학범, 한채민, 한지혜, 한은옥, 한송희, 한성찬, 한석주, 한민혁, 한만중, 한날, 한길수, 한경희, 하주현, 하정호, 하정필, 하인호, 하승우, 하승수, 하순배, 탁동철, 최회성, 최현숙, 최현미, 최진규, 최주연, 최정윤, 최정아, 최은희, 최은정, 최은숙, 최은경, 최윤미, 최원혜, 최우성, 최영식, 최연희, 최연정, 최승훈, 최승복, 최수옥, 최선영, 최선경, 최봉선, 최보람, 최병우, 최미영, 최류미, 최대현, 최광용, 최경미, 최경란, 채효정, 채종민, 채민정, 차종숙, 차용훈, 진현, 진주형, 진용용, 진영준, 진냥, 지정순, 지수연, 주순영, 조회정, 조형식, 조현민, 조향미, 조해수, 조진희, 조지연, 조준혁, 조정희, 조윤성, 조원회, 조원배, 조용진, 조영현, 조영옥, 조영실, 조영선, 조여은, 조여경, 조성회, 조성실, 조성배, 조성대, 조석현, 조석영, 조남규, 조경애, 조경아, 조경삼, 조경미, 제남모, 정희영, 정흥윤, 정혜령, 정현숙, 정혜레나, 정춘수, 정진영a, 정진영b, 정진규, 정종헌, 정종민, 정재학, 정이든, 정은희, 정은주, 정은균, 정유진a, 정유진b, 정유숙, 정유섭, 정원탁, 정원석, 정용주, 정예슬, 정애순, 정보라, 정미숙a, 정미숙b, 정명옥, 정명영, 정득년, 정대수, 정남주, 정광호, 정광필, 정광일, 정관모, 정경원, 전혜원, 전정희, 전유미, 전세란, 전보애, 전병기, 전민기, 전미영, 전명훈, 전난희, 장주연, 장인하, 장은정, 장유영, 장원영, 장우재, 장시준, 장상옥, 장병훈, 장병학, 장병순, 장근영, 장군, 장경훈, 임혜정, 임향신, 임한철, 임지영, 임중혁, 임종길, 임정은, 임선주, 임수진, 임성빈, 임선영, 임상진, 임동헌, 임덕연, 임경환, 이희옥, 이희연, 이효진, 이호진, 이혜정, 이혜린, 이현, 이혁규, 이향숙, 이한진, 이하영, 이태영, 이치형, 이충근, 이진혜, 이진주, 이지혜, 이지향, 이지영, 이지연, 이중석, 이주희, 이주영, 이종은, 이정희a, 이정회b, 이재익, 이재은, 이재영, 이재숙, 이재두, 이임순, 이인사, 이은희a, 이은희b, 이은향, 이은진, 이은주, 이은영, 이은숙, 이윤엽, 이윤숭, 이윤선, 이윤미, 이윤경, 이유진a, 이유진b, 이월녀, 이원님, 이용환, 이용석, 이용기, 이영화, 이영혜, 이영주, 이영아, 이연진, 이연주, 이연숙, 이연수, 이승헌, 이승태, 이승아, 이수현, 이수정a, 이수정b, 이수연, 이수미, 이성희, 이성호, 이성채, 이성숙, 이성수, 이설희, 이선표, 이선영a, 이선영b, 이선애a, 이선애b, 이선미, 이상호, 이상화, 이상직, 이상원, 이상미, 이상대, 이병준, 이병곤, 이범희, 이민아, 이미옥, 이미숙, 이미라, 이문영, 이명훈, 이명형, 이동철, 이동준, 이동범, 이다연, 이남숙, 이난영, 이나경, 이기규, 이근희, 이근철, 이근영, 이광연, 이계삼, 이경화, 이경애, 이경연, 이경림, 이건희, 이건진, 윤희연, 윤홍은, 윤지형, 윤종원, 윤영훈, 윤영백, 윤수진, 윤상현, 윤병일, 윤규식, 유효성, 유재율, 유영길, 유수연, 유박준, 위양자, 원지영, 원유희, 원성제, 우창호, 우지영, 우완, 우수경, 우새롬, 오중근, 오정오, 오재홍, 오은정, 오은경, 오유진, 오수진, 오세희, 오민식, 오명환, 오동석, 염정신, 여희영, 여태전, 엄창호, 엄재홍, 엄기호, 엄기욱, 양해준, 양지선, 양은주, 양승희, 양영희, 양애정, 양선아, 양서영, 양상진, 안효빈, 안찬원, 안지윤, 안준철, 안정선, 안옥수, 안영신, 안영빈, 안순억, 심은보, 심우향, 심승희, 심수환, 심동우, 심나은, 심경일, 신혜선, 신충일, 신창호, 신창복, 신중휘, 신중식, 신은정, 신유준, 신소희, 신성연, 신미정, 신미옥, 송호영, 송혜라, 송한별, 송정은, 송인혜, 송용식, 송승훈, 송근희, 송경화, 손진아, 손진근, 손은경, 손선영, 손민정, 손미숙, 소수영, 성현석, 성용혜, 성열관, 설은주, 설원민, 선화실, 선미라, 석옥자, 석경순, 서혜진, 서지연, 서정오, 서인선, 서은지, 서예원, 서명숙, 서강선, 상형규, 변현숙, 변나은, 백현희, 백승범, 배희철, 배주영, 배정현, 배이상헌, 배영진, 배아영, 배성연, 배경내, 방득일, 방경내, 반영진, 박희진, 박희영, 박효정, 박효수, 박환조, 박혜숙, 박혜린, 박형진, 박현희, 박현숙, 박춘애, 박춘배, 박철호, 박진훈, 박진교, 박진곤, 박지영, 박지광, 박정미, 박재선, 박은하, 박은아, 박은경, 박용빈, 박옥주, 박옥균, 박영실, 박연지, 박신자, 박수진, 박수정, 박소현, 박성규, 박복선, 박미희, 박미옥, 박명진, 박명숙, 박동혁, 박도정, 박대식, 박노해, 박내현, 박나실, 박기용, 박고형준, 박정화, 박경이, 박건형, 박건진, 박건오, 민병성, 문용식, 문영주, 문은희, 문신필, 문근철, 문성철, 문명화, 문경희, 모은정, 매수용, 마승희, 류창모, 류정희, 류재향, 류우종, 류명숙, 류대현, 류경원, 도정철, 도방주, 데와 타카유키, 노영희, 노경미, 남효숙, 남정민, 남은정, 남윤희, 남원호, 남예린, 남미자, 남궁역, 나규환, 김회정, 김희옥, 김홍규, 김훈태, 김효미, 김홍규, 김혜진, 김혜영, 김혜림, 김현진, 김현주a, 김현주b, 김현영, 김현실, 김헌택, 김헌용, 김해경, 김필일, 김태훈, 김태로, 김찬영, 김찬, 김진희, 김진주, 김진숙, 김진, 김지애, 김지혜, 김지연, 김지욱, 김지안, 김지광, 김중미, 김준연, 김주영, 김종현, 김종진, 김종원, 김종욱, 김종성, 김종선, 김정식, 김정삼, 김재황, 김재현, 김재미, 김임곤, 김일규, 김인순, 김이은, 김은해, 김은과, 김은아, 김은식, 김은숙, 김윤주, 김윤자, 김윤수, 김원예, 김원석, 김우영, 김용훈, 김용양, 김용만, 김요한, 김영희, 김영진a, 김영주a, 김영주b, 김영아, 김영경, 김영숙a, 김연일, 김연미, 김아현, 김순희, 김수현, 김수진a, 김수진b, 김수정, 김수연, 김수경, 김소희, 김소혜, 김소영, 김세호, 김성탁, 김성숙, 김성보, 김선희, 김선철, 김선우, 김선미, 김선구, 김석규, 김서화, 김서영, 김상희, 김상정, 김상윤, 김봉석, 김보현, 김보경, 김병희, 김병훈, 김병기, 김범주, 김민희, 김민선, 김민곤, 김민결, 김미향, 김미진, 김미숙, 김미선, 김문옥, 김무영, 김묘선, 김명희, 김명섭, 김명균, 김다혜, 김다혜, 김기홍, 김기윤, 김기연, 김규태, 김규빛, 김광민, 김고종호, 김경일, 김가연, 김지현, 기세라, 금현진, 금현오, 금맹순, 권혜영, 권혁천, 권태윤, 권자영, 권미지, 국찬석, 구자숙, 구원회, 구완회, 구수연, 구본회, 구미숙, 광홈, 과혜영, 곽현주, 곽진경, 곽노현, 곽노근, 공현, 공영아, 고춘식, 고진선, 고은경, 고유정, 고영주, 고영실, 고병헌, 고병연, 고민경, 강화경, 강현주, 강현경, 강한아, 강태식, 강준희, 강인성, 강이진, 강은영, 강윤진, 강영일, 강영구, 강순원, 강수돌, 강성규, 강석도, 강서형, 강미정, 강경모

※ 2023년 9월 18일 기준 726명

※ 이 책의 본문은 재생 용지를 사용해서 만들었습니다.